ヤマケイ文庫

定本 山小屋主人の炉端話

Kudo Takao

工藤隆雄

Yamakei Library

定本　山小屋主人の炉端話　目次

第2章　雷親爺

第3章　雪女

第4章　フーの秘密

第5章　遭難救助

カバー装画　畦地梅太郎
「山男（一）」（木版画・一九五三年）

第1章

ネバー・ギブ・アップ

ネバー・ギブ・アップ

丹沢・尊仏山荘　花立昭雄さん

もう五、六年も前になるけど、初めて瑞穂《みずほ》に会ったときの驚きは今でも忘れられない。秋の黄昏《たそがれ》どきだった。

おれはいつものようにカウンターのなかにいて宿泊客の受けつけをしていた。そして、あらかた終わり、食事の支度を始めようと思っていた、そんな頃だ、

「すみません、泊めてください」

と、若い女の声がしたのは。

顔を上げると、満面笑顔の女と男が立っていた。

(なんだ、アベックかよ……)

なんとなく面白くない。おれは女房と交代で山に上がるため単身赴任である。

「お疲れさんでした。泊まりですね」

腹のなかでムッとして、顔で笑った。

「和田の名前で予約しています」

女がいった。おれはきちんと、二階の部屋の番号と食事の時間を教えた。普通、それで受けつけは終わるのだが、カウンターの前を通って、階段に向かう二人を見ておれは啞然《あぜん》とした。女は松葉杖を突いていただけでなく、右足がなかった。ズボンの右が結ばれている。男のザックのなかからは義足がニョッキリ飛び出していた。カウンターで見えなかったのだ。

「ど、どっから登ってきたの。そ、その足で。まさか大倉尾根を登ってきたんじゃないだろうね」

おれはあわてて訊いた。

階段に腰をかけて左の登山靴を脱いでいた女は、

「その大倉尾根を登ってきましたよ」

と、笑顔でいった。男も、そうですと平気でいう。

「ほ、本当かよ……」

塔ノ岳の大倉尾根というのは、通称、馬鹿尾根といわれるくらいダラダラとした登りが続く尾根だ。下りにはいいが、登りにはつらい。大学の山岳部が訓練に使うような道である。コースタイムはゆうに約三時間だ。

「で、どれくらいかかったの」

「ええ、この足ですからゆっくり歩いて四時間くらいかかな。でも左側に富士山も見えてよかったですよ」

「…………」

山小屋にはいろんな登山客がやってくるが、松葉杖を突いて登ってきたというのは初めてだった。驚いたのなんのって。しかし、それ以上に驚いたのは、女の明るさ、屈託のない、その明るさである。

おれは急いで寝床を変更することにした。寝床は二段ベッドになっているから、上ではなく下にしようと思った。しかし、女はすでに不自由な足で二段ベッドの階段を上がっている。

「無理しないで……」

おれは思わずいった。そのとき、足を踏み外したのは、女ではなく、おれのほうだった。階段を下までゴロゴロと転げ落ち、土間に蛙のようにひっくり返っていた。

「大丈夫?」という声がしたので上を見ると、女が心配気にのぞき込んでいる。痛かったけれど、なんだかおかしくなり、おれはプッと吹き出した。三人で大笑いしてしまった。

夜。ランプの下、コーヒーの香りがたゆたっている。女の名前は上嶋瑞穂。男の名前は和田善行。二人とも筑波大学の学生だが、瑞穂が三年、善行が四年だという。

てっきりおれは、瑞穂の足は交通事故などの事故で失ったと思っていたが、彼女によれば、十五歳、高校受験の前に骨肉腫《こつにくしゅ》になったためという。いわゆる小児ガンだ。小児ガンは発病すると、進行が早いという。抗ガン剤も追いつかないほどらしい。そのため右大腿部から切断したそうだ。失望はなかったというが、抗ガン剤で髪が抜けた。なかでも嘔吐《おうと》が苦しかったという。その三年前には父親が事故で亡くなっている。

なんということだ。あまりにもひどい話じゃないか。世の中には神も仏もへったくれもいやしないじゃないか。おれはそう思ったものだ。泣けちゃったね。しかし、それは瑞穂が可哀想で泣いたわけじゃない。病気にもかかわらず、二人で頑張って生きているのを知った嬉し涙、そう、感涙というやつだ。

二人は大学で知り合った。そして、一緒に身体障害者のための富士登山に行ったそうだ。それ以来、自然が好きになり、山登りを続けているのだという。

頑張れよ。おれは心のなかでいった。

それから二人はときどきうちの小屋にやってくるようになった。善行が瑞穂をサポートする形である。ふと見ると、瑞穂が頂上でぼんやりしているのが印象的だった。なかでもじっと富士山を見ていた姿がよかった。生きていることを実感しているんだろうな、とおれは思った。なにせ手術したときは、医者に成人式までどころか、術後、生存率が十パーセントしかないといわれたというのだから……。

おれは二人が山に来ないと、今頃どうしているのだろうと心配になった。しかし、小屋に来たお客さんが、どこそこの山で瑞穂たちを見かけたという話をしてくれた。元気でやっているな、とおれはうれしく思ったものだ。遠く離れている兄、いや、親父のような心境だ。

知り合ってから一年がたっていた。善行が、卒業だというのに山小屋でアルバイトさせてほしいといってきた。どうしてだと訊くと、将来は学校の先生になろうと思って大学に入った。だから単位も取得した。けれど、瑞穂と付き合っているうちに福祉関係の仕事をしたくなった。そのため通信教育で福祉士の資格を取ろうと思う、資格を取るまでアルバイトしたい、という。

もちろんおれは二つ返事でＯＫした。

一週間交代でおれと善行は小屋番になった。正直いうと、決していい小屋番ではなかった。茶碗をいくつ壊したことか。また、水を撒くときに手を滑らせて桶《おけ》も一緒に谷底へ投げたりした。けっこうドジだ。

しかし、アルバイトにしてはよく気がつき、お客さんに好評だった。人間、優しいのが一番だね。瑞穂が惚れた理由がわかった。

その善行に、瑞穂はときどきついてきた。離れるのが寂しいらしい。しかし、なにかと仕事があっていつも一緒にいられない。

おれは瑞穂を連れてときどき山を下りた。瑞穂は松葉杖を突きながら、ゆっくり下りた。前に転ばないか心配だった。前には転ばなかったが、何回か尻餅を突いた。瑞穂の目に涙がにじんでいた。

「下りがつらいのか、足が痛むのか」

と心配して訊くと、善行と離れるのがつらいという。

（この野郎、心配して損した……）

真冬のある日、善行と交代する日だった。待っていてもなかなかやってこない。どうしたのだろう、と尾根のほうを見ていると、善行が雪のなかをゆっくりと歩いてくるのが見えた。その足元で這いつくばっている瑞穂が見えた。おれは飛び出した。

「何やっているんだ、馬鹿野郎。なぜ、助けてやらないんだよ」

おれは善行を怒鳴《どな》り散らした。

「だって、助けると、怒るんだもの」

善行は、松葉杖を持ちながらいう。

「いいの、このほうが早いの。こうして雪を泳いだほうが早いし、冷たくて気持ちがいいんだ」

瑞穂が顔を雪だらけにして、口元をほころばせながらおれを見上げた。

(まったく、なんて奴らだ……)


一昨年、善行は念願の福祉士の資格を取って老人ホームの職員になった。

それを機会に瑞穂と善行は結婚した。式に出席したかったけれど、土日に重なったので出られなかった。瑞穂は、家計を助けるために家庭教師をした。結婚以来、二人は姿を見せない。善行が忙しくて山どころではないらしい。

おれは、瑞穂が善行をほったらかしにして山に来ればいいのにと思っていた。が、女房が無理だよという。どうしてだと訊くと、子供を授かるかどうかの大事なときなのよという。女同士はそういう話をしているようだ。瑞穂は来なくなった代わりに、手紙とか電話でよく連絡しているらしい。

「今度は気をつけるのよ……」

昨年の秋、電話でそんな話をしていた。男のおれは口出ししないほうがいいと思った。

今年になって不運にも女房が乳ガンになってしまい、おれはおろおろするばかりだった。

(何もうちにもガンが来なくっても)

瑞穂が骨肉腫になったときのことを考えると、おれたち以上のショックだったに違いないと初めて気づいた。つらかった。驚いたことに、女房のガンを知ったその瑞穂が電話で女房を励ましているという。

「ネバー・ギブ・アップ」と。

女房は、戦友になったねといって苦笑している。どれだけ女房が力づけられたことか。ありがとうな、とおれは心底思ったものだ。病人には励ましが一番だ。

おかげで女房は、手術をして無事、退院した。一カ月ほどもすると、また山に登ることができた。女房と一緒に登っていたとき、善行が山に見舞いに来てくれた。しかし、瑞穂は元気かと訊くと、医者に無理するな、といわれていると浮かない顔をしていった。

「山に登ってる場合じゃないよ、さっさと帰れ。体を大切にしてやれよ」

といった。善行は帰っていった。

悪いことというのは重なるものらしい。今度はおれの具合が悪くなっていた。左膝《ひざ》が痛むので精密検査をしてもらったら、半月板が故障して手術が必要だというのだ。もう、山に登れないのかとがっかりした。山小屋の主人が歩けなくなってどうするというんだよ……。


今年の七月だった。電話が鳴った。

「瑞穂です。病院からです」

久々の瑞穂の電話にうれしかった。が、病院と聞いておれはハッとした。

(また、再発して入院か?)

しかし、

「私、お母さんになりました。男の子が生まれたんだ……」

一瞬、言葉が出なかった。

「……ほ、本当かよ……」

「本当だよ。赤ちゃん可愛いよ」

「そ、それは、よかった……」

途端におれののどがえぐくなり、それ以上何もいえなくなった。

女房にすぐ電話をかわった。

「おめでとう……、本当によかった」

女房の声も震えていた。

おれは、善行が子供をおんぶして山に登ってくるところを想像した。瑞穂が後ろからついてくる。やっぱり二人とも満面笑顔だ。瑞穂一家に再び会える日までに膝を治さないといけないと思った。

初めて入院する決心がついた。

はなたて・あきお——一九五六年、鹿児島県川内市（現・薩摩川内市）に生まれる。大学卒業後刑務官となり、中野、横浜の各刑務所に勤務。山とは無縁だったが、二十五歳のときに丹沢・塔ノ岳の尊仏山荘の先代小屋番、山岸猛男氏の三女篤子さんと結婚。九年間勤務した刑務官をやめ、三十歳のときから小屋番となり、現在に至る。

「いっちに、いっちに……」

奥秩父・三条の湯　木下　昇さん

「いっちに、いっちに……」

昭和三十五、六年の頃だったと思う。夏の夕方、小屋の前で風呂用の薪《まき》を割っていると、御祭《おまつり》方面に続く登山道からそんな掛け声が聞こえてきた。若い女性たちの声だった。

私は耳を疑った。当時、山は登山ブームで登山者が来るようになっていたが、多くは角帽に軍靴といういでたちの男性ばかり。まだまだ女性は珍しかったからだ。久々の女性の声に無骨な私でもワクワクしたものだ。

（しかし、山を歩くのになぜ掛け声が必要なんだ……）

不思議に思っていると、ひとつ先のカーブを曲がってくる団体の姿が見えた。私は思わずマサカリを足に落としそうになるほど驚いた。細い登山道を数人、まるで電車ごっこでもするように歩いてきたからだ。先頭を女の子が歩き、その女の子の肩に大きなキスリングを背負った男の人が手を載せている。そのキスリングにさらに後ろの女の子がつかまっているという具合だ。

何とも奇妙な光景だった。私は、登山道が怖いのでみんなでつながって歩いているのかと思った。が、ふと、そのとき、もしかしたら男の人が目の見えない人を連れてきているのではと思った。でも、いくらなんでも目の見えない人がこんな山奥に来るはずがないじゃないか。

しかし、じきに男の人が「右に石」、「左、段差三十センチ」などといっているのを聞いて、彼女たちが目の見えないことが改めてわかった。大変な客が来たと思った。それでなくともその頃は、登山ブームの一方であちこちの山で遭難が起こり、登山を禁止する学校があったときでもある。ここで遭難されたら厄介だ、と思ったものだ。

「お、お疲れさまでした……」

私は対応の仕方がわからず、小屋の前に集まったみんなを見ながらいった。しかし、彼女たちは元気そのもので、口々に「こんにちは、初めまして」といった。男性一人、女性六人の総勢七人の団体だった。その男性が、「東京の盲学校で教師をしている河《かわ》辺《べ》といいます。生徒は四人。あとの二人は付き添いで生徒のお姉さんたちです。今晩お願いしたいんですが」といった。

「ええ、はい……」

私は困ったなと思いながらも部屋に案内した。ひとつは女性用、ひとつは先生用である。荷物を置くと河辺先生は、女の子たちに「一時間後に夕食。それまでふとんを敷いたり、お風呂に入ったりして寝る準備をしておくように。質問のある人いるかな……」といった。

「何にもありませーん」

女の子たちの声は生き生きとしていた。風呂と聞いて私は「風呂は、五右衛門風呂なので目の見えない人にはちょっと……」といった。手の置きどころが悪くてやけどでもされたらかなわなかった。

しかし、先生は、手伝ってくれる人もいますし大丈夫です、といった。私は不安で先生の顔を見た。が、先生は、笑みを浮かべてキスリングから飯盒《はんごう》を出した。米をとぎ、かまどに火をつけた。それが終わると、今度は缶詰を出し、皿に並べている。なかなか手慣れたものだった。

私は風呂の釜を焚《た》きながら、そんな先生に「盲学校の山岳部なんですか」とか「東京をいつ発ってきたんですか」とぶしつけに訊いた。先生は、山岳部ではなく、個人的に連れてきているんですよといった。また、東京を出たのは今朝で、明日は雲取山《くもとり》に登り、秩父から東京に戻る予定ですといった。目が見える人でもハードなスケジュールである。私は、彼女たちが前日から奥多摩に入っているものとばかり思っていたので驚いた。

「大丈夫なんですか、ちゃんと歩けるものなんですか。目が見えなくても」

「大丈夫です。目が見えなくても、段差とか石があるとか教えてあげると充分歩けるものです。現に今までもあちこちの山を歩いています。何年もやってきていますが事故も起きてません」

先生の口から大菩薩、瑞牆山《みずがき》、十文字峠、正丸峠《しょうまる》といった山名や峠の名が次々と挙がった。

私は彼女たちがその当時まだ珍しいキャラバンシューズを履いているのを思い出した。靴は今回のためだけに買ったものではなかったのである。

「しかし、目が見えなくて山に登って何が楽しいんですかね……」

そういったあと、しまったと思った。が、先生は苦笑しながらいった。

「景色は見えないかもしれないけれど、自然は肌で感じていると思います。風とか気温などで。いつも私は木や植物に触らせるんです。彼女たちは立派だねとか可愛いねといいます。目の見える人より敏感じゃないのかな。そう、彼女たちは目が見えないから何もできないのではなく、目が見えないだけなんです。それ以外は何でもできます」

「しかし、河辺先生、学校の山岳部でもないのにどうしてそんなに熱心にやれるんですかね」

先生は少し沈黙した後、

「私もあの子たちも山が好きだからですよ。ただそれだけ」

といった。そこへ女の子たちが風呂から上がり、「先生、おなか空いた」、「ご飯まだぁ」などと笑いながらやってきた。底抜けに明るかった。

ランプが灯った部屋。そこから生徒たちの笑い声が聞こえる。食事を終え、先生と一緒に部屋でトランプをしている。目の見える子供たちでもこんなに賑やかではないと思うほどだ。

(目が見えないだけなんです。それ以外は何でもできます……)

私は先生の言葉を心のなかで繰り返した。そして、見えないながらも電車ごっこのようにして懸命に山を歩いてくるところを思い出すと、胸が熱くなった。彼女たちに対する私の気持ちがいつしか親愛の情に変わっていた。私は、柄にもなく缶詰のミカンをあげようと思った。当時は貴重な品で、倹約家といわれる私にすれば大盤振る舞いだ。ミカンを持っていったときの生徒の喜びようはなかった。先生も、貴重なものをとお礼をいった。

私は部屋を出るときに、気になっていたことを訊いた。

「崖《がけ》のような登山道をよく来たもんだね、怖くなかったかい」

するると、ある女の子がいった。

「道が細くなっているのはわかったけれど、ちっとも怖くなかった」

「富士山に比べれば楽だったものね」

「えっ、富士山にも登ったことがあるのかい」と私。

「そう、二回登りました。あそこはね、岩があって四つん這いにならないとだめなので怖いんです。鎖《くさり》なんかもあって。それにくらべれば……」

「そう、ここは簡単……」

ほかの女の子もそうそうとうなずく。それまで笑いながら聞いていた先生が、

「あのときは、みんなが頑張ったから富士山に登れたんだよね。今思うとよくやったと思うよ」といった。

「でも、いちばんの理由は先生がいてくれることです。全部指示してくれるから安心

して歩ける。先生のお陰です」

　だれかがいった。

「そうかなぁ……」

「それは本当です。先生は私たちの目です。優しいし、ハンサムだし、大人になっても一緒に先生と山を歩きたいなぁ。できれば結婚したい……」

　と、ませた口調でいった。

　先生は照れながら、

「そんなにおだてても明日は容赦しないよ。疲れたからっておんぶはしないから」といった。

「ばれたか……」

　女の子が舌を出し、みんながどっと笑った。私はそんな様子を見て、彼女たちがいかに河辺先生を信頼して山を歩いているかということがわかった。この信頼関係があるからこそ厳しい山も平気で歩けるのだろうと思った。仕事でもないのにここまでやれる河辺先生をすばらしいと思った。

　翌朝。夜明けとともにミソサザイの声に起こされた。私はさっそくかまどに火を入

れた。やがて先生が飯盒を持ってやってきた。私は、

「ご飯は私がやりますから先生はおかずを用意してあげてください」といった。

「何から何までお世話になりましてありがとうございます」

先生は深々と頭を下げた。しかし、いうまでもなく、いろいろと教えられ、頭を下げなければならないのは私のほうだった。

朝食が済み、全員が準備を終え、山小屋の前に集まった。

「おじさん、どうもありがとう」

彼女たちが口々にいう。

「雲取山の頂上近くは急坂になっているから気をつけてね、油断しないで」

「はーい」

先生が私に会釈をすると、

「じゃ、出発しようか。前の人の肩に手を載せてください」

といった。すると、それまでバラバラだったのがちゃんとした列になった。電車ごっこの再現である。しかし、今度は少しも奇妙には見えなかった。

だれからともなく、「いっちに、いっちに……」の掛け声が上がり、ゆっくりと動き始めた。

「右、崖。足元注意」

先生の声が森のなかに凜《りん》と響いた。

「はい」

「頑張れよ、転ぶなよ」

私はいった。列が少しずつ小さくなっていくのが、涙でにじんで見えた。


そのときから早いものでもう四十年もの歳月が流れた。みんなにいつか再会できる日を楽しみにしてきた。しかし、まだその機会はやってこない。それどころか、つい最近、風の便りで先生が十年ほど前に亡くなったと聞いた。友人を亡くしたようでがっかりした。


しかし、救われたのは、あのとき来た生徒のなかのひとりが盲学校の先生になっただけでなく、今でも山を歩いていることを知ったことだ。それも国内はもちろん、遠く外国の山も歩いているという。その人は苦しくなると、歩きながら、

「いっちに、いっちに……」

と口に出していうという。すると、先生と一緒に歩いているような気持ちになり、知らない山でも安心するそうだ。

河辺先生は亡くなってしまったけれど、先生の気高い愛は、今でも教え子たちの心の内で生き続けている。

きのした・のぼる――一九二四年、山梨県丹波山村に生まれる。尋常高等小学校卒業後、八王子の織物工場などで働く。山小屋の前身は、東京都の水源林監視施設。五〇年から営業小屋となり管理を任される。父親の木下孟一氏とともに小屋番を開始し、長年小屋番をつとめた。現在は息子の浩一氏が三代目として小屋を守っている。

綾子、がんばる

奥秩父・金峰山小屋　吉木綾子さん

私が金峰山《きんぽうざん》小屋の二代目主人になったのは、五年前の平成六年、二十歳のときだった。初代小屋主で父の林袈裟夫《けさお》が交通事故で急逝したためだった。忘れもしない三月二十二日。私は短大を卒業し、甲府でＯＬになったばかりだった。駆けつけると、父はもう亡くなっていた。

その半年前、七、八年ぶりにひとりで山小屋に行ったとき、胃の手術のあとで気が弱くなっていたのか、「あと半年生きられるかどうか……」といっていたが、まさか事故で亡くなるとは思わなかった。まだ六十歳だった。

私は小さい頃から、週に一度山から帰ってくる父を玄関先で待つようなお父さんっ子だった。事故の知らせがきたとき、なぜか足がしびれ、歩けないほどだった。

しかし、いつまでも悲しんではいられなかった。山小屋は毎年四月末には開ける。

ゴールデンウイークに合わせて登山者がやってくるからだ。父が亡くなったからといって山小屋を閉めたままにはできない。

急遽《きゅうきょ》、会社勤めをしていた兄が山小屋を継ぐことになった。私は少しでも兄の力になればと土日だけでなく、会社に頼んで平日も何度か休んだ。父のときの常連の集まりである金峰山小屋愛好会の人たちも助けてくれた。お陰で無事にオープンできたのはいうまでもない。

しかし、愛好会の人たちも仕事がある。好意に甘えているわけにはいかなかった。兄は私に「二人でがんばろう」といい、協力を求めた。結局、私も会社をやめて兄妹二人、文字どおり二人三脚の小屋番を始めた。

だが、兄は、日に日に「山を下りたい」というようになった。うまくやろうと多くの人にアドバイスをしてもらったことが、かえってうまくいかなかった原因だったようだ。私とも何度も言い争いをした。夏、兄は元の会社勤めをするために山を下りてしまった。

私はあわてた。だれかが小屋を継がないと、三十年間かけて父が築き上げた山小屋が無人小屋になってしまう。何とかしなければならない。だれか小屋番をしてくれる人がいたら頼もうと奔走した。残念ながら、なり手はいなかった。

九月。気がつくと、私の二十一回目の誕生日パーティを山小屋でやっていた。友人がケーキを持ってお祝いにやってきてくれたが、遊び盛りで料理も満足にできない私にすれば、山小屋の仕事など重圧以外の何物でもなかった。不安ばかりが先立って、ロウソクの炎が涙でにじんで見えたのを今でも覚えている。

こんな具合にして私は半ば強制的に二代目の小屋主になった。その後アルバイトを雇い、四日から五日交代で小屋に詰めた。忙しいときは、アルバイトを増やした。時間を見つけては愛好会の人たちなどから包丁の持ち方からキャベツの刻み方、掃除の仕方、水汲みの仕方、はては便所掃除などを教えてもらった。初めて、水を得ることの大変さや、明かりを作ることの難しさを知った。

生前、父は山から家に帰ってきても仕事のことはひと言《こと》もいわなかった。父は仕事を楽しんでやっていたのだろう。

しかし、もともと山登りそのものが嫌いだった私は、毎日がゆううつだった。登山口まで車を使うのであとは小屋まで徒歩で二時間で済むが、それすら嫌だった。体調が悪いときもあり、まして雨が降ったりしたときなどは荷物を捨てて本当に逃げだしたくなったものである。

小屋にいればいたで、酔っ払いやら説教親爺《おやじ》、蘊蓄《うんちく》親爺、揚げ足取りなど、そんな登山客が目立つ。自然と顔がこわばってくるというものだ。山の名前を訊かれてわからないと「駄目なアルバイトね」と馬鹿にされた。

それより何より、いちばん嫌だったのは、父と比較されることだった。みんな生前の父を「親爺」と呼び親しんできた人ばかり。口々に誉《ほ》めた。それはいい、大好きな父だもの。しかし、「親爺に比べると、お前は駄目だ、そんなこっちゃ親爺が成仏《じょうぶつ》しないぞ」という人もいた。私を励ます意味でいっているのはわかるが、心に余裕のなかった私は反発心が先に立った。カッとなった私は「まだ新米の私に父と同じことができるわけがないじゃないの、私は私よ」といった。

部屋で嗚咽《おえつ》しているのを聞かれたくなくて、夜中でも小屋の裏にある岩に登って泣いた。そして「どうして死んじゃったのよ、お父さん……」と何度も声を限りに叫んだ。生まれて初めて父を恨《うら》んだ。

嫌なことのひとつには山小屋の夜の怖さもあった。小屋にはたいていはだれかがいるのだが、年に何回かひとりになることがあった。この広い金峰山中にたったひとりと思うと無性《むしょう》に怖くて、ラジオやランプをつけっぱなしにして寝た。

小屋番の交代がくるまで風呂に入れないのも嫌だった。自宅は山小屋から足元に小さく見える。風呂に入りたくて、すぐに帰りたいと思う。しかし、母が、

「若いうちの苦労はお金を出して買ってでもやりなさい」

といったのを思い出すと、負けてたまるかと思った。

その分、冬、小屋仕舞いをし、解放されると、その足で友達と旅行に出かけたり、東京に行ったりした。小屋番にならなかったらこうやって遊んでいただろうと思いながら、ブランド物を買い、おしゃれを楽しんだ。そんなことが丸三年間は続いた。

四年目に入った頃からだった、少しずつ私の内に変化が現れたのは。石の上にも三年というけれど、小屋の裏にある岩の上で三年間も泣き続けたお陰かもしれない……。

一番変わったのは、時間があると、ひとりで周辺の山を歩くようになったことである。おしゃれもいいが、自然が爽快だと思えるようになっていた。山小屋も歩き疲れた頃に出てくると、「あっ、小屋だ」と声を出して駆け寄った。登山をしている人にとって山小屋が大切な存在だという当たり前のことが、そのとき初めてわかった。

(山小屋って本当はいい物だったんだ、私はいい舞台で生きているかも……)

やがてほかの山小屋にも私と同じ境遇の人がいることもわかった。私は時間がある限り彼女たちを訪ねた。その道の先輩であり、姉のような人たちばかり。笑顔で迎えてくれた。彼女たちは仕事そのものを楽しんでいる。そのなかのひとりがいった。

「山小屋は自分が楽しくなければやっていられない職場。楽しくするために自分で環境作りをしなければいけない。それが同時に登山者の山行の手助けになれば一番いいんじゃないかな」

秋。女主人のいる、ある山小屋。外は荒涼とした冬支度の雰囲気。たたずんでいると、シャクナゲを触りながら「見てごらん、この花芽を」といって指さした。見ると、小さな芽が出ていた。不思議に思っていると、「来年に咲くために今から準備しているんだよ。冬が来るというのに自然ってけなげだね」といった。私はシャクナゲの素晴らしさを知ると同時に、今まで自分のことしか考えてこなかった私を恥じた。みんなの役に立ちたいと思った。

以来、こんがらがった糸が解けていくように山小屋に違和感がなくなっていった。何かがはじけた。気が楽になった。説教親爺が来ても話を聞いてやろう、酔っ払いは大きな赤ん坊、早く寝かせればいいんだと思えるようになった。そして、鏡を見て、にこりと笑って客の前に出た。「余裕じゃん」。ふと、いつも心のなかにいる父が「綾子、その調子だぞ」といったような気がした。

以前、けんか別れした恋人が来たのはそんなときだ。

私の顔を見るなり、「どうしているかと思って心配で来たよ」といい、「山小屋に入った頃に比べると、優しい顔になったね」と笑った。

私も「あのときはごめんなさい」と素直にいった。

するると、恋人は「もう安心だ」といって肩を抱いた。山小屋に入って初めての嬉し涙だった……。


早いもので小屋主になってから丸五年が過ぎ、六年目に入った。今年の正月は酒樽を自分で担ぎ上げた。全部で四十キロ近いボッカになった。今までそんなに運んだことは一度もなかった。運んだだけでなく、私はおめでたい巫女《みこ》さんの格好をした。紅白の着物である。その着物を着て、登山者にお酒を振る舞った。私の初めての年頭企画だったが、登山者には上々の評判だった。なかには、

「だんだん親爺のサービス精神に似てきた」

といった人もいた。

「親子だから仕方ないですよ」

私はそういって笑った。

最近、私は、時間があると、ハイキングもさることながら、東京に出かけるようにしている。ブランド物を買いに行くのではなく、いろんな店に行ってサービス事情を学んでくるのだ。

山小屋には一年のうちで七カ月間も入る。長すぎて年頭に誓った初心を忘れ、ついつい馴れ合いになりがちだ。そんなときに都会の店は勉強になる。

店に入った瞬間、店員同士が客をよそにおしゃべりに夢中になっていたり、プライベートタイムになったからといって応対をしなかったり、善しあしがわかってしまう。かつての自分を見るようで顔が赤くなってるのがわかった。山小屋も同じ客商売。都会の店以上に緊張しないと命取りになることに気づいた。

しかし、何より私のいちばんの問題は結婚である。私も今年で二十ウン歳になってしまう。恋人と結婚して子供もつくりたい。しかし、結婚と山小屋は両立できるのだろうかとか、恋人は理解してくれるのだろうかと考えてしまう。できれば、将来は夫婦二人で山小屋をやってみたいと考えている。もはや、私から山小屋の魅力がなくなるのは考えられなくなっている。しかし、焦っても仕方ない。コツコツとやるしかない。そう、翌年のために人知れず秋から花芽をつけて準備を始めているあのシャクナゲのように。

そういえば、うちの山小屋周辺のシャクナゲも花芽を順調につけて、今年はたくさん咲きそうだ。そのシャクナゲに負けていられない。もちろん父にも負けたくない。父は今までは目標だったけれど、今ではライバルになっているからだ。

しかし、父の三十年間という長い小屋番生活に比べれば、私の五年間はまだほんの少しに過ぎない。私の小屋番人生は今、始まったばかり。

金峰山小屋をよりよい山小屋にするためにも今まで以上に、

綾子、がんばる。

よしき・あやこ――金峰山小屋の初代小屋主、林袈裟夫氏の長女として長野県川上村に生まれる。一九九四年、短大卒業後、ＯＬになるが、袈裟夫氏の急逝のために小屋を継ぐ。刺繡、写真撮影などが趣味。小屋周辺はシャクナゲの名所としても知られ、六月初旬から約一カ月が見頃になる。

金時の山姥

箱根・金太郎茶屋　勝俣睦枝さん

「えっ、少年院の子供たちを山に連れてきたいですって……」

たいていのことには驚かないが、そのときばかりは驚き、思わずその人の顔を見てしまった。山にはさまざまな登山者が来るが、少年院は初めてだった。

「やっぱり駄目かな……」

その人は少しがっかりしたような顔をした。ときどき山に登ってきては、茶屋で休んでいく人だったので顔なじみになってはいたが、詳しいことは知らなかった。いつものように天気の話などをしているうちに、「今度、うちの子供たちを山に連れてきたいけど、いいかな」と切り出したのである。

「いいじゃないかい、どんどん連れておいで。何人もいるのかい」

「ええ、十二、三人ほど……」

思わず笑ってしまったが、

「どこかの学校の先生なんですか」

よく訊いてみると、小田原にある少年院の刑務官だった。

「いつも子供たちは狭い室内にいるから、たまには明るい自然のなかに入って、山の解放感を味わってもらいたい。そうすれば少しでも心が晴れると思うんです。そして、できれば、この茶屋を休憩場所にして食事をとりたいんですが……」

最初、びっくりして聞いていた私だが、話を聞いているうちに次第に落ち着いた。同時にこの人の心意気を感じ、協力したい気持ちになっていた。

「うちでよかったら使ってください。何か作るんだったら鍋でも茶碗でも何でも貸しますよ」

「ありがとうございます」

刑務官はほっとした顔をして深々と頭を下げた。そして、話が決まり次第、また相談に来ますからといい、帰っていった。

後ろ姿を見ながら、今どき、珍しく仕事に熱心な人だと感心した。だが、そうはいったものの、ひとりになると、ここで子供たちに暴れられたらどうしようかとか考えたら、ちょっと気持ちが沈んだのも確かだ。

しかし、山にはいろんな人が来る。それまでつらそうな顔をしていた人も頂上に立つと、ほとんどの人が来てよかったという表情をする。少年院の子供たちも山頂に立って清々《すがすが》しい気持ちになり、ひいては更正のための一助になるかもしれない。そう考えると、ちょっとやそっと何かあってもいいと思えるようになった。

そのとき、私は子供たちに冷たい物を飲ませるためにも冷蔵庫を上げなければと思った。清涼飲料水を冷やす冷蔵庫で、もうだいぶ前に買って家の庭に置いてあった物だ。が、今度運ぼうと思っているうちに何日もたっていた。何せ百キロもある代物で、主人や息子に手伝ってもらいたいが、それぞれ仕事があり、なかなか運び出せなかったものである。

私は、家に戻ると、主人や息子に近々運ぶので手伝ってほしいといった。運ぶといっても、病弱の主人には無理で私が運ぶのである。主人や息子は休憩のときに持ち上げたり、監視する役目だ。そのほうがやりやすい。狭い登山道を数人で運ぶほど効率が悪いことはない。今まで七十キロの発電機やらテーブルなどを運んだ経験で知っていた。

そして、いざ運ぶことになった数日後、庭で車に冷蔵庫を載せていると、声がかかった。見ると、刑務官が笑って門のところにいた。ほかに三人いた。

「うちの子供たちを山に連れていく件ですが、院長の許可も下りて、これから下見がてら、茶屋にごあいさつに行こうとしていたところでした」

ほかの三人は同僚だった。

「それはよかった、私もこれから、これを持って山に登るところなんです」

「冷蔵庫をですか……」

刑務官たちが冷蔵庫を見て目を丸くしている。しかも主人たちは付き添いで運ぶのは私だというと、絶句した。

「うちのは、荷物を運ぶのは慣れているから大丈夫と思います。何たって金時《きんとき》の山姥《やまんば》だから……」

と主人が笑いながらいった。刑務官たちも一瞬笑ったが、その場で相談して「手伝わせてください」といった。

「慣れない人は手を出さないほうがいいと思うよ」と私はいったが、結局は刑務官たちが運ぶことになり、登山口まで行った。

出だしはよかった。道が広く、傾斜も緩い。「楽勝」といって笑顔も出た。が、次第に傾斜がきつくなり、坂道ではずるずると下がってきた。だんだん真面目な顔になり、仕舞いには無理だ、などといっていた。手をこまぬいている彼らを見ていった。

「試しに私が背負ってみますから、落ちそうになったら、支えてください」

私は冷蔵庫の下にもぐり、ロープで固定すると、腰に力を入れてグッと持ち上げた。思った以上に重かったが、四人に支えられていると思うと気が楽だった。一歩ずつ、慎重に急な斜面を登っていった。急なだけでなく、道が狭いため、ぶつけないようにするのが大変だったが、刑務官たちが指図してくれた。

ときどき休憩した。再び立ち上がるとき、持ち上げてくれた。ひとりでは絶対に持ち上がらなかった。

こうして冷蔵庫は、一時間半かかるところを二時間半かけてようやく茶屋に運び上げることができた。茶屋で汗を拭きながら、

「勝俣さんって力あるんだね」

と刑務官が驚いている。

「コツなんだよね」といおうとしたが、「そうだね、いざとなったら、女のほうが力があるかもしれないね」といった。

「まるで……」

「まるで山姥だといいたいんでしょ」

刑務官はあわてて顔の前で手を振ったが、

「そうさ、あたしゃ金時の山姥だよ」

そういうと、皆で顔を見合わせて大笑いになった。

その一週間後、予定どおりに刑務官が子供たち十二人を連れてきた。茶屋で今か今かと耳をすませていると、下から笑い声が聞こえてきた。

「着いたぞ……」

茶屋を飛び出すと、みんな丸坊主で青い作業服を着ていた。額に汗をかいている。なかでも背中に十八リットルのポリタンクを担いでいる子供や、ネギなどの野菜を背負っている子供は全身汗びっしょりである。どんなに軍隊調で眼光鋭い子供たちが来るのかと思っていたら、自由な雰囲気であどけない顔をした子供たちばかりだった。

「山っていいなぁ、空気がうまい」

「あっ、富士山がでかい」

などといって、はしゃいでいた。ごく普通の少年でまるで高校の遠足である。

「さぁ、休んで、休んで」

私は、冷蔵庫で冷やしたジュースを紙コップに入れ、ご馳走した。

「うめぇ」などといいながらうまそうに飲んでいるのを見て、私までうれしくなった。

さっそく私は大鍋でうどんを煮た。茶屋のなかで休んでいる子供たちは子供っぽくて、それまで彼らに抱いていた不安など吹っ飛んでいた。もっとも着替えをしているとき、ちらりと二、三人の子供に入墨《いれずみ》が見えたときはどきりとしたが……。

やがて、うどんができ上がり、食事になった。弁当と一緒にうどんをすすっている。私の分も数に入っているということで、刑務官の人たちと並んで一緒に食べた。食べながら、刑務官が「この冷蔵庫は、勝俣さんが今まで君たちが登ってきた道を運んできたんだ」と説明している。

「すごい急坂だったよ」

「ポリタンクだけでも大変なのに、おばさん力持ちだね」

私はいった。

「本当だよ。金時山の山姥だから、これくらいは平気なのさ」

大笑いになったが、子供たちは冷蔵庫と私を見比べて、「すげぇ、すげぇ」とひどく感心したようだ。

「でも、運んだとき、刑務官の方たちが手伝ってくれたからできたんだよ、私ひとりじゃできなかった。感謝していますよ」

私は改めて刑務官の人たちに頭を下げた。

食事が終わると、子供たちは刑務官から鉛筆と画用紙をもらって岩やベンチに座り、絵を描き始めた。富士山だとか芦ノ湖方面の風景をそれぞれ描いていた。刑務官によると、絵を描くと、心が落ち着くのだそうだ。私はそんな子供たちに、「くにはどこなの」とか「卒業したらどうするんだい」などと声をかけた。

ほとんどの子供は鹿児島だとか北海道だとか親元を離れ、遠いところから来ていることがわかった。関東近県の子供はひとりもいなかった。可哀想に思ったが、子供たちは、「おばさん、山っていいなぁ、気持ちがすっきりするよ」とか「今度出たら彼女を連れてくるよ、それまで元気でいてくれよ」などと生意気な口をきいたりした。「これからも真面目にやれば、彼女はできるよ。今度彼女と来たときは声をかけておくれ、歓迎するよ」といった。

少年院の一行が来るようになって五年目のときだった。子供たちとともに少年院の院長が来たことがあった。いつものようにうどんを食べ終えると、その院長が立ち上がり、これから表彰式をさせてくださいという。

「だれを表彰するんですか」と訊くと、

「勝俣さんです。今までうちの子供たちがお世話になったのでお礼をさせてくださ い」という。

「あらま、何でこの私が……」といっていると、額に入った立派な賞状をみんなの前で読んだ。そして、感謝状を渡しながら院長がいった。

「今まで来た子供たちが作文などに野外実習で何がよかったかというと、山もいいけれど、金時山に登って食べたうどんが美味しかったと書くんです。早く卒業して本当の自由のなかで食べたいと夢を語るんです。これもひとえに勝俣さんのお陰です」

私は感謝状をありがたくちょうだいした。刑務官ばかりでなく、子供たちまで立ち上がって私に「ありがとうございます」と拍手をしてくれる。私はしばらく涙が止まらなかった。

今でも忘れられない、いい思い出である。三十五年も女だてらに茶屋をやってきて、主人に死なれたり、転んでけがをしたりとつらいことばかりだったが、あのときほど茶屋をやってきてよかったと思ったことはなかった。今でもあの子たちの笑顔が目に浮かぶ。あの日、子供たちは、山頂から長尾峠を目指して下っていくときに頭を下げてくれた。

「頑張ってよ、負けないんだよ」

と私は手を振りながらいった。みんないい顔をしていた。

今頃、みんなはどうしているのだろう。便りはなく訪ねてきてくれる人もいないけれど、少なくともこの山に来た子供たちはどこかでまじめに働いているだろう。私は今でも信じてやまない。

かつまた・むつえ――一九二七年、静岡県深良村（現・裾野市）に生まれる。はじめは専業主婦だったが、三十七歳の頃から嫁ぎ先で経営していた金時山山頂にある金太郎茶屋を手伝うようになる。以来、金時山の麓、仙石原にある自宅から病気やけがのとき以外、冬でも毎日登り、茶屋を守った。

車いすで木道を

福島県吾妻山・吾妻小舎　遠藤守雄さん

平成八年の七月、ハクサンシャクナゲが満開で山小屋の周りがピンク色に染まっていた頃のことだ。

庭の掃除をしていると、ガラガラと音がした。見ると、駐車場のほうから少年を背負った中年男性と、車いすを押す女性がやってきた。女性は福島市内の養護学校で看護師さんをしている人で、男の人はご主人だった。背負われているのは、相馬君という、数年前にけがで脊髄を損傷して車いすの身になった人だ。

「ここが、きょう、あなたが泊まる山小屋だよ」

と、看護師さんが相馬君を車いすに座らせながらいった。

「風景もよかったけれど、山小屋も雰囲気があっていいね」

相馬君が満面を笑顔にして山小屋を見上げている。相馬君は、その春、高校に当たる養護学校を卒業したばかりだった。九月からは英語を勉強するためにアメリカに渡るという。山に来たのは、看護師さんが計画した卒業旅行で、日本を離れる前に地元福島の自然を見てもらおうという気持ちからだ。

小屋で少し休憩をしたあとに相馬君たちは、浄土平周辺を散歩してくるといい、再び駐車場のほうに行った。浄土平は山小屋から近い湿原で木道《もくどう》もある。散歩にはうってつけの場所である。

私と妻の雅子は、相馬君たちを見送ってから腕によりをかけて料理を作った。また、車いすで食堂のなかを自由に動けるように、余分なテーブルやいすを隅に片づけ、広くして待っていた。

夕方、相馬君たちが賑やかに帰ってきた。口から出てくるのは、「初めて自然のなかに入って、自然がこんなにいいものだとは思わなかった」ということだった。よほど自然を気にいったらしい。無理もない、けがをして以来、病院そして養護学校という具合に、自然に触れた機会がなかったからだ。

「私も相馬君を連れてきてよかった」

と看護師さんも、ご主人の顔を見ながら満足そうだった。それを見て私も雅子もうれしくてならなかった。しかし、「湿原がきれいだったでしょう」というと、それまで笑顔だった相馬君の顔がくもった。

「湿原の木道に入って草花に触れてみたかったけれど、木道に入れなかったんです」

「どうしてさ、入ればよかったのに」

相馬君がいいよどんでいる。看護師さんが代わりにいった。

「じつをいうと、木道が狭くてね、車いすで入れなかったんです」

「えっ……」

私は絶句した。今まで山小屋と自宅の行き帰りに何度も木道を見ていたのに、どうして気づかなかったのだ。年間八十万人も訪れる観光地、浄土平。ときどき車いすで来る人を見かけたが、それと木道に入るというのが結びつかなかった。日頃、人のためになにかをしたいと心がけていたのに、そんなことがわからなかった自分にがっかりした。

「あとほんの少し幅が広いと入れたんですけど、無理でした。目と鼻の先に湿原があったのに」

相馬君が静かにいった。私は、いてもたってもいられない気持ちになった。そして、私は当てもないのに、「よし、わかった。これから車いすの人も入れるようにいろんな方面に何とか働きかけてみるよ」といった。

「えっ、ほんと。そうなるとどれだけいいか……」

それまで暗かった相馬君の表情が一変した。しかし、すぐに「そういうのって、何年もかかって駄目になることってあるんでしょう」と寂しそうな表情をしていった。いろいろと思うようにならないことを経験してきたようだ。

「……いや、私が何とかするから、任せておきな……」

私はなおも当てがないのにそういった。雅子を見ると、にっこりうなずいている。私は若い頃に膀胱《ぼうこう》ガンにかかり、死ぬ一歩手前まで行った。現在は人工膀胱をつけている身だが、常に友人知人に励まされて生きてきた。なかでも雅子自身、リウマチで苦しいのにいつも私の立場に立って支えてくれた。ありがたい存在である。どんなにか生きる自信につながったことだろう。

そのためかだれかが困っていたり、苦しんだりしていたら、助けてあげたい性分になっていた。病気をする前にはあまりない気持ちだったが、だれかの役に立ちたいと思っているのは、今でも変わらない。雅子はそのときも「相馬君の力になれたらいいね」といってくれた。

とはいっても、歩くのに草が邪魔なら草刈りをすればいいが、木道に関しては何をどうしたらいいのかわからなかった。まさか国が管理している公園のなかにある木道を、自分で勝手に幅を広げて造り直すわけにはいかない。

しかし、何かしなければ始まらない。そこでまず始めたのは、県への報告書に広い木道の必要性を書くことだった。私は自然保護指導員もしているので、毎月、県に報告書を出す必要がある。その報告書を提出しながら、浄土平にあるビジターセンターの関係者の人たちといろいろな話も交わした。

そればかりではない。私の友人に地元のラジオ局でディレクターをしている人がいたが、その人からたまたま出演を依頼された。そのとき、私は相馬君の話をすることを頼んだ。本来の出演依頼のテーマは吾妻の自然だったので、あまりよい反応はしなかったが、私は番組の途中で相馬君の話をした。そして、車いすも通れる木道を造れたらいいと時間をオーバーするほどに話してしまった。録音中、ディレクターは驚いた顔をしていた。あとで雷でも落とされるのかと思っていたら、「遠藤さんらしいや」といって、笑っただけだった。

もちろん人に頼るばかりではない。私自身に何ができるのだろうと考えると、相馬君が木道以外に車いすで入れるトイレが欲しいとポツリといっていたことを聞き逃さなかった。みんなに担がれてトイレまで行くのがつらい、せめて用を足すときくらい自分で済ませたいといっていたのである。

（よし、トイレを直そうじゃないか）

たまたまその頃から大工さんに入ってもらい、山小屋の修理をしていた。山小屋は昭和九年に旧国鉄仙台管理局が造って以来、温湯《ぬるゆ》温泉に昭和三十九年に管理が変わり、六十年以上も登山者を迎えてきて老朽化が進んでいた。本当は、夫婦二人でかつかつにやっている山小屋なので金銭的に余裕はない。

しかし、こうして生きていられるのも山小屋があればこそ。夫婦二人が食べていければよいと思っていたので、稼いだお金はすべて山小屋の修理に当てることにした。それだけ私たちには愛着のある山小屋なのである。

私は看護師さんや相馬君などにどんなトイレにしたらよいか訊いたり、福島市内に出る機会があると、身障者用のトイレをのぞいたりして研究した。そしてひと通りの設計図ができ上がって、大工さんに頼んだ。大工さんは驚いた顔をしていたが、「わかった、任せといて」といってくれた。

その時点で私のやれることはすべてやったつもりだ。しかし、ラジオを聞いたという登山者から「広い木道ができるといいですね」という話は聞こえてくるが、肝心の県や環境庁などからは、木道を造るという話は聞こえてこなかった。

（相馬君に悪いな、どうしたらいいんだろう）と、私は頭を抱えたものである。

（いいかっこしていったのはいいけれど、何もできないなんて……）

私は胸を痛めていた。

ところが、平成十年の夏だった。思わぬことで車いすも通れる木道が必要という私の意見が県の報告書に載っていた。きっかけはこうだ。ニュージーランドの女性の国立公園管理官が福島県に招待され、しばらく磐梯朝日国立公園を視察した。帰国前夜に同時通訳で講演をするというので聞きにいくことにした。私は、ニュージーランドの木道事情を知りたくて仕方なかった。日本と違い、さぞや発達しているだろう、と思った。だから、講演が終わり、何か質問がありませんかといわれたとき、周りのことも考えずにすぐに手を挙げて訊いた。

「ニュージーランドの国立公園ではどれくらい車いすが通れる木道が造られているんでしょうか」

女性管理官は、突然の質問にびっくりしたようだが、

「実をいうと、車いすで歩ける木道は少ししか造られていません。三十分ほども歩くと終わりになる程度です。ニュージーランドでもまだまだ遅れています」

といった。

私は、その場で相馬君の話をし、車いすも通れる木道は必要だと力説した。それが

後日になって、報告書に紹介されていたのである。もっとも私の質問は飛び込みで、ほかにあらかじめ用意されていた質問の時間をつぶしてしまったということがわかり、思わず赤面してしまった。とんだお邪魔虫だったのである。しかし、それが結果的には、いい方向になったようだ。

それは今年のある日、顔見知りのビジターセンターの支部長の訪問につながった。山小屋にふらりと訪ねてきて、「木道の件ですが、きちんと予算がつけられて来年からやることになったそうですよ」といった。

「来年着工ですか」

「ええ、まだ本決まりではないようですが、そんな話が伝わってきています。遠藤さんの今までの活動が実を結んだことになります」

「来年」と聞いて、正直、相馬君に約束して以来ずいぶん時間がかかったと思った。しかし、うれしかったことには変わりない。新しい木道が造られ、車いすが何台も通っている様子が浮かんだ。

後日、私はアメリカから自宅に戻っていた相馬君に電話をもらった。そのとき、経過を話した。相馬君は、「本当にそうなったら、どれだけいいでしょうね」と喜んだ。

「完成したら、私が押して連れていってあげるから、一緒に渡ろう」

「ええ、もちろん」

相馬君の声がいつになくはつらつとしていた。私も長年の約束を果たしたようでほっとした。

それともうひとつ、いいニュースがある。この秋には、山小屋に車いすで入れるトイレが完成する。従来のトイレを二つつぶして造った割には、市や町で造るトイレより広さはないが、カーテンを引くと、人の手を借りずに用を足せるようになった。

しかし、このトイレの件は、相馬君が今度来るまで内緒だ。今度来たとき、びっくりさせたいからだ。彼がどんな顔をするか、今から楽しみでならない。

えんどう・もりお——一九四九年、福島市に生まれる。二十八歳のときに膀胱ガンを発病するが、三十二歳のときから雅子夫人と磐梯朝日国立公園にある吾妻小舎の小屋番となる。無雪期は小屋近くまで車が入るが、冬は深い雪に閉ざされるために週末だけの営業になる。人工膀胱をつけながらスキーで片道五時間以上かけて山小屋を開けた。二〇一一年四月に死去した。

遠藤氏がすでにあったトイレを改造して作った身障者用トイレ。左側の車椅子のマークがついた戸を開けると間口が広くなる。

他山の石

北八ヶ岳・しらびそ小屋　今井行雄さん

あれは、一九九二年（平成四）の九月下旬、山形と新潟の県境に横たわる飯豊《いいで》山に出かけたときのことだった。あの日のことを忘れられないのは、そこで体験したことはもちろん、私が生まれて初めて八ヶ岳以外の山に行った山旅だったからでもある。

こういうと、山小屋の主人をしながらほかの山のことを知らないのか、といわれそうだが、正直いって三十年間しらびそ小屋を守っているうちにほかの山に行ったことがなかった。知り合いの山小屋の人は時間を見つけてはいろんな山に登っているけれど、私はずうっと小屋を温めてきた。気がついたらそうだった。

そんな私が山小屋を留守にして飯豊山に登ることになったのは、友人からの誘いだった。

「たまにはおれたちと違う山に行こうよ。ほかの山の空気を吸ってみるのもいいもんだよ」

そういったのは、私が参加しているカモシカグルッペという山岳会の友人だった。私は名前だけ参加しているインチキ会員なので、いつものように「今度行くよ」というところだった。が、そのときばかりはなぜか行ってみようという気になっていた。

別に飯豊山という山は憧憬《しょうけい》の山でもなければ、以前登ったことがある思い出の山でももちろんない。写真ですら見たこともない。漠然と行ってもいいなと思っただけの山である。

たぶん、山小屋に来た登山者のだれかが「いい山だった」と誉《ほ》めていたのを覚えていて、機会があったら行ってもいいなと思っていただけかもしれない。いずれにしろそんな程度。そんな程度なのに友人についていった。

泊まりは避難小屋だった。避難小屋といっても立派な感じで感心した。汚れていないのがよかった。もちろん山自体もよかった。北八ヶ岳もよいが、東北の山らしく雄大な山懐がよかった。どうしてもっと早く来なかったのだろうと、どこまでも続く山並みを見ながらそう思った。紅葉がきれいだった。

しかし、よかったのはそこまでだった。下山する段になって山が急に荒れた。吹雪になった。雪が横なぐりに降りかかった。これ以上進むと、遭難すると思った。

みんなと相談して直進するのをやめ、引き返すことにした。そして、一番近い下山口に下りようということになった。

しかし、それがどこをどう間違ったのかなかなか着かない。行けども行けども、下山口が現れないのである。ヘトヘトに疲れていた。時計を見ると、もう夕方になっていた。かれこれ十時間も歩いたことになる。

こんなときに山小屋があったらどれだけ助かるだろう。温かいこたつに入って温かい食事が食べられたらどんなにいいだろう……。

それだけを願いながら無言で歩いた。すると、ようやく下山口の看板が現れた。薪《まき》ストーブの煙のにおいが漂ってくるのがわかった。人里が近いと思うと、気持ちが楽になった。少し歩くと、旅館があった。確か大阪屋という名前だった。

「これで生きられるぞ」

「ビールを死ぬほど飲みたい」

それまで黙りこくっていた仲間たちが口々にいった。冗談も出た。

「ごめんください、今晩お世話になりたいんですが……」

ところが、どうだ。その旅館の戸を開けた途端、部屋からあふれんばかりの顔、顔、顔。人で満員だったのである。

「すみません、あいにく今日は今年最後の漁日ということで、釣りの方で満杯なんですよ。これ以上は入りませんのです。電話での予約の方も、もう何人も断っているほどなんです」

奥からあわてて飛び出してきた女将《おかみ》さんが恐縮しながらいっている。私たちは失望した。声も出なかった。

「お疲れのところすみませんです」

女将さんはなおも恐縮している。しかし、女将さんが手をポンと打つと、

「ほかの宿に訊いてみますからちょっとお待ちください」といって受話器を取った。

期待の時間が流れた。しかし、いずれも「やっぱり今日は釣りの方でいっぱいなんだね」と女将さんが呟くようにいって受話器を置くばかりだった。

「申し訳ございません。近くの旅館もいっぱいなんだそうです。駅に出れば何とかなるとは思うのですが、そちらで訊いてもらえませんか」

女将さんは頭を下げた。

「タクシーはあるの」

「タクシーは、呼べば一時間はかかります」

「えっ、一時間も……」

空腹と疲れで私たちはさらに愕然《がくぜん》としてしまった。玄関でもいいから横になりたいと思った。

すると、女将さんが、こういった。

「よかったら駅までお送りさせてください」

「いいんですか」

「もちろんですよ。泊めてあげられなかったせめてものお詫びです。それで堪忍してください」

そういうと、女将さんは奥に引っ込み息子さんを連れてきた。

「今すぐ駅までお連れしますので、それまで我慢してください」

息子さんもそういうと、頭を下げた。

こうして私たちは車に乗って駅まで行くことができた。降りるときに私はその息子さんに車代としてお金を渡した。しかし、息子さんは受け取ろうとしなかった。

「泊めることができなかったのに、お金なんか受け取れません」

私はどうしても受け取ってほしかった。だから彼のポケットにお金を無理矢理押し込んだ。息子さんは当惑していたようだが、頼むから取っておいてくれと頭を下げると、ようやくうなずいてくれた。

暗闇に消えていく車のテールランプを見送りながら私は安堵《あんど》した。しかし、それもつかの間、私たちは旅館を探すために歩かなければならなかった。駅前なので簡単に見つかると思っていた。ところが、三軒ほど訪ねたが、いずれも満員ということで簡単に断られてしまった。時計を見ると、もう八時になっていた。夕方ならまだしも、断られるのも無理はなかった。

「ええい、ヤケクソだ。こうなったら夜行列車を乗り継いで長野の家まで帰るかってんだ、くそっ」

「そうすっか。しかし、その前に酒でも飲みたいもんだ。こう寒くっちゃ電車に乗る元気も出ないよ。この辺に酒屋はないのかね」

すっかり体も冷えていたし、酒でも飲まなければ気持ちのやりどころがなかった、というのが正直なところだった。私たちは近くの酒屋に飛び込んで酒を選んでいた。

「山かね」

酒屋の親爺さんが私たちの姿を見てそういった。

「そう。紅葉もきれいでよかった。でも、下りてきたのはいいけれど、今度は宿がないという大きな山にぶつかって困っているところなんですよ」

「ほう、そうかね。そりゃ、可哀想だな」

親爺さんは気の毒そうに私たちを見た。そして、何かを考えているようだ。

「そうだ、うちの隣も一応旅館をやっているから電話をして訊いてみてやるよ。泊めてくれるかは保証はないけどさ、どれどれ……」

無理だと思いながらもお願いした。

「登山者の人で今晩泊まるところがなくて困っているようなんだよ」

奥の部屋からそんな声が聞こえてくる。やがて、親爺さんが出てきて、

「いいってよ。大した用意はできないけどって、よかったね」

と、にっこりしながらいった。

その言葉をどれだけうれしく思ったことだろう。大げさかもしれないが、地獄で仏とはこういうことをいうのではないだろうか、と思ったほどだ。

さっそく出かけると、

「こんな宿ですみませんね」と女将さんが頭を下げた。宿は民宿で、夏場だけ営業するということだった。

下駄の音がした。女将さんが、買い物に出かけたようだ。そして戻ってくると、急いで食事の用意をしてくれた。

「こんなものしかできないんで、申し訳ありませんが、我慢してやってくださいね」

目の前には湯気の上がったご飯に味噌汁、そしていくつかのおかずが並んでいた。

「ああ、うまそう」

私たちは女将さんを拝むようにして箸《はし》を取った。茶碗から温かさが冷えた指に伝わってきた。

しかし、食べようとしたが、ご飯がなかなか口のなかに入っていかないのである。あれだけ空腹だったのに、ご飯がのどを通らないのである……。


今日も私はいつものように、北八ヶ岳のしらびそ小屋にいる。そして、登山者が来るのを楽しみに待っている。

時として思うことは、あの釣り宿と民宿の女将さん、そして、酒屋の親爺さんを、いつか再び訪ねたいということだ。ひと言お礼をいいたいと思っている。

しかし、そう思いながらもなかなか出かけられないのが実情だ。ほかでもなく、私の山小屋にもいろいろな登山者がやってくる。留守をするわけにはいかない。登山者に寒い思いをさせてはならないのである。

この年になって初めて、あの釣り宿の女将さんや酒屋の親爺さん、そして、民宿の女将さんに山小屋のあり方、人との接し方を教えられた気がする。
たぶん、私にとって最初で最後の旅になったと思うが、涙がこぼれて食べられなかったあのご飯の味とともに、一生忘れられない人生の出会いなのである。

いまい・ゆきお——一九三五年、長野県南牧村に生まれる。東京でサラリーマンをしていたが、兄の治雄氏が始めた山小屋に六〇年、二十五歳のときから二代目として入るようになる。現在は、奥さんの幸子さんと息子の孝明さんの家族三人で登山者の世話をしている。リスやヤマネが来る山小屋として知られている。

踊りは嫌いだ

北八ヶ岳・黒百合ヒュッテ　米川正利さん

毎年七月下旬ともなると、梅雨が明けていよいよ本格的な登山シーズンを迎える。一年のうちで最も山が賑わうときだ。山小屋にとっても稼ぎどきであり、登山客の少ない冬や春にじっと頑張ってきたことが報われる季節でもある。

しかし、いつもうまくいくとは限らない。時として天候不順で裏切られることはよくある。例えば、数年前のある年はひどかった。梅雨が長びいただけでなく、七月の下旬になっても、太陽を拝めないどころか、ずうっと雨ばかり降っていた。毎日が寒くて、冬に逆戻りしたのではないかと思うほどだった。

八月に入れば何とかなる、と期待していた。高山植物が咲き誇り、それを見に登山者がわんさかとやってきてくれる。だが、八月一日から台風が来て高山植物を蹴散らしていってしまった。当然、登山者は来ない。春に荷上《にあ》げした食料も腐りがちで、小屋のなかはいつも暗く、かびがはえる始末。出るのはため息ばかりだ。

新たに荷上げをしたくても。荷上げ用のヘリコプターは雨で飛ばない。飛ばないからボッカをしなければならない。それも雨のなかだ。危なっかしいだけでなく、転べば全身泥んこ。洗濯しても乾かす場所がない。泣きっ面に蜂とはこのことだ。

俗に山の雨は、死に雨といわれている。「山小屋の親爺を殺すには刃物はいらぬ、三日三晩雨が降ればそれですむ」とはよくいったもんだ。

夏の初めが駄目ならお盆にかけよう。この時期は一年のうちでも一番の稼ぎどきだ。ところが、悪いときには悪いことが重なるものだ。天気予報を見ると、台風が過ぎ去ったばかりというのにまたまた発生したという。そんな天気予報を本当は見たくもなかったが、「中部山岳地方を直撃する」だとか「大量の雨が予想される」だとかという声が聞こえると、無視するわけにもいかない。

その天気予報によれば、予想進路は南シナ海からゆっくりと中部山岳地帯を横切るという。しかもここの通過予定がお盆の十三日頃ときた。そんな大切なときに大型の台風が来てどうしようというんだ。この夏、最後の稼ぎも万事休すではないか。正直いって、やけくそ状態。どうにでもなれ、と思ったものだ。

そういっている間にもお盆は日に日に近づいてきた。空を見上げれば、雲が早く流れ、台風が着実に近づいてくるのがわかる。そして、胃が痛くなる思いでとうとう十三日になった。いつもなら次々と訪れる登山者を整理するためにてんてこ舞いになる山小屋。ほとんどパニック状態になり、台所も食事を作るために修羅場となる。

しかし、その日は、客を迎える声もほとんどなく、アルバイトはみんなあくびを嚙み殺しているばかりだ。思い切って泊まり客を数えてみた。なんと、たったの三人ではないか。

「あと、ほかには？」

というおれの質問に、従業員は首を振るばかりだった。

「うそだろ」

従業員は再び首を振った。

小屋のなかには登山者がさらに数人いたが、休憩をしている人たちだった。泊まる予定だったが、台風が来るというので予定を繰り上げて帰るという。

ああ、憎き台風め。

たったの三人の泊まり客に従業員十人、それに客とはいえない常連客が十人ときた。

腹の底から声が上がってきた。

「やるしかない。こんな日は飲むしかない」

はじめは唸《うな》るような声だったが、そのうちに腹が立ってきて、

「きょうは全員で酒を飲むぞ。こうなったらやけくそでぃ。ただ酒をみんなに振る舞うぞ」

最後はほとんど雄叫《おたけ》びのようになっていた。

そうはいったものの、実をいうと、内心、やけ気味になっているおれをみんなが止めてくれると思っていた。

「親爺、もったいないからやめましょうや」

などという従業員がいてていいのに。ところがどうだ。みんなは、

「やろう、やろう、早くやろう」

と、止めるどころか宴会を喜んでいるのだった。なかにはテーブルを叩いて催促をする者まで出てくる始末。今さら、やめようともいえないではないか。おれは引っ込みがつかなくなった。

「…………」

その間にも、

「やろう、やろう、早くやろう」の大合唱である。

「あと五分もしたら宴会をやるぞ。やけっぱちの宴会を始める。無礼講だ。夜中まで

続けるぞ」

おれは鼻息を荒くして改めて宣言してしまった。拍手と奇声が沸き起こったのはいうまでもない。

すると、台風が来る前に下山をしようとしていた登山者が電話を貸してくれという。いったい何を連絡するのかと聞くともなく聞いていると、

「山は台風で大荒れなんだ。小屋に閉じ込められて、今日は帰れない」

「大水が出て沢を下れない、下山は明日だ。もし帰らなくても捜索隊は出さなくてもいい」

だれもがてんでな口実を考えて受話器に向かっている。おれは吹き出してしまった。窓から外を見ると、雲はさらに早く流れるようになったものの、山はまだ静かだった。今なら充分に下山できるのに、ただ酒の魅力に足止めをくらっているようだった。

やがて、全員が狭い台所に集まった。後ろでは立っている人もいる。ビール、日本酒、焼酎、ウイスキー、好き勝手に飲み始める。どうせ倉庫には今年中に売れない酒がドッサリとある。思い切ってドンドン飲んでしまえ。外は、まだ嵐の「あ」の字もないのに、小屋のなかは、逆に嵐のような騒ぎになっていた。歌が出るかと思えば、踊りだす者もいた。踊りも木曾節から始まって、安来節《やすぎ》、そして東京音頭に続く。

「全員でフォークダンスやろうか」

だれかがいった。

「いいぞ、やれやれ」

台所から広い部屋に移動する。

「まずは、マイムマイムだ」

「丸くなって手をつなげ」

皆で口ずさみながら、前、前、前行って、レッセッセ。後ろ、後ろ、後ろ行って、レッセッセ。繰り返し。早くしたり、遅くしたり。輪が大きくなったり、小さくなったりする。全員が酒とダンスで熱くなり、顔を赤くし、額から汗を流して踊っている。

「よし、つぎはジェンカだ。列に並べ。前を向いて前の人の肩へ手を置け、始めるぞ」

一階から二階、二階から一階へと上がったり、下りたり。さながら大蛇が小屋のなかをのたうち回るようだった。

外がどうなっているのか、台風が来たのか来ないのか、だれも知らん顔をしている。ただ夢中になって踊り狂うばかりだ。踊りは最高潮に達していた。

と、そのときだった。

ミシッ、ミシッ、ドドドッと、木が裂ける音がしたのは。

「みんな、安全なところへ逃げろ。台風が直撃したぞ」

おれをはじめ従業員が災難に気づいて叫んだ。途端に列がほどけ、全員、奇声を上げて、あわてて蜘蛛《くも》の子を散らしたように一斉《いっせい》に上へ下へと逃げた。

水に押し流された樹木が戸を押し破り、土間に流れ込む。一瞬にして階下が水浸しになる。鉄砲水に飲み込まれ、「助けてくれぇ」という叫び声が聞こえ、阿鼻叫喚《あびきょうかん》の地獄になる。

だれしもが、一瞬にしてそんな光景を目の前にした……。

ところがどうだ。下には鉄砲水が流れ込んでいないばかりか、雨の音もしなかった。たしかに風で木の枝が揺れる音はしたが、それはそよそよといった程度だった。静かだった。

みんなが狐につままれたように互いの顔を見、そして首を傾《かし》げた。

そこへ従業員が報告しに来た。

「親爺さん、台所の上の梁《はり》が折れてます」

「なに、どこだって」

急いで現場に行ってみた。台所の梁が折れて、飛び出しているではないか。幅三十センチ、長さ二間（三・六メートル）の大きな梁である。

「大変なことになった」

呆然《ぼうぜん》とした。

「上に行って被害を調べてみましょうか」

どんな状況になっているか想像がついた。

「い、いいや。明日にしよう。どうせ暗くてわからないだろうから。それと……」

「それと？」

「ああ、馬鹿騒ぎは今を限りに中止。安全な場所で即座に寝るように」

「わかりました。みんなに伝えておきます」

翌日、おれは、台所の上にある部屋に恐るおそる入った。驚いた。二階の床が落っこちて斜めに傾いていた。無惨《むざん》だった。騒ぎすぎたツケがそれだった。大変なことになってしまったと改めて思った。それから外に出て小屋の周りを見た。窓ガラス一枚割れていなかった。

「台風はどうしちゃったんだ」

「どうやら予想のコースを外れて房総方面に抜けてしまったようです」

「コースを外れただって？」

おれはそういった途端、二の句をつげなかった。

あの事件以来、おれは山小屋のなかで酒を飲むときは静かに飲むようにしている。決して大勢を誘うようなことはしなくなった。

従業員によると、おれが酒に酔ったとき、目を座らせて、ひとりでよくつぶやいているそうだ。

「当たらない天気予報も嫌いだが、へたくそな踊りはもっともっと嫌いでぃ、こんちくしょう」と。

よねかわ・まさとし——一九四二年、長野県下諏訪町に生まれる。六一年から北八ヶ岳の黒百合ヒュッテに入り、年間百五十日を超す小屋番生活を送ったが、現在は息子の岳樹氏が継いでいる。著書に『山小屋物語　北八ガ岳黒百合ヒュッテ』（山と溪谷社）などがある。

深田さん

大菩薩・介山荘　益田　繁さん

たった一度だけですが、あの『日本百名山』で知られる深田久弥さんに会ったことがあります。もう四十年以上も前のことです。年をとっていろんなことを忘れがちになりましたが、深田さんのことは、なぜか年々思い出すようになりました。

その年、私は高校を卒業して、父、勝俊が経営していた勝縁荘《しょうえん》という山小屋に二代目の小屋番として入ったばかりでした。勝縁荘というのは、現在は使われていませんが、昭和八年、地元関係者や登山者などの要望から上日川《かみにっかわ》峠と大菩薩峠のほぼ中間に建てられ、多くの人に利用された山小屋です。

勝縁荘という風変わりな名前は、父と交流があり、私淑していた、小説『大菩薩峠』の作者、中里介山が命名してくれたものです。勝縁というのは、もともとは仏教用語で、大きな縁を表すのだそうです。縁には男女や親子の縁などがありますが、それより大きい人間の縁とでもいうのでしょうか、それを大切にすることによって世の中がうまくいくというのです。

介山いわく、

「ここは地位も貧富の差も身分も階級もない、一夜の雨露をしのいで、ともに宿り、だれもが百年の知己であって、これ勝縁のともがらなり……」

山小屋こそよい人間の縁を作る最適な場所であり、また、将来もそうあってほしいと名づけたというのです。

昭和三十一年の十一月のある日。勝縁荘の周りにある木々はすでに葉を落とし、あとは雪が舞うのを待つばかりになっていました。冷たい風が吹き荒れています。そんななかを深田久弥さんは、二人の男性の方と一緒にやってきました。日もとっぷり暮れた頃でした。あとでわかりましたが、ほかの二人の方は雑誌社の人で、何かの取材で来たらしいのです。

そのとき、私は深田さんがどなたか、知りませんでした。正直なところ、山の好きなおじさんぐらいにしかうつりませんでした。当時はまだ『日本百名山』は出版されていませんでした。『日本百名山』が発行されたのは、その八年後の昭和三十九年です。

文学好きな父は、深田さんが著名な小説家だということは知っていましたが、だからといって、私には何もいいませんでした。また、特別に相手をしようともしません。「深田さん、深田さん」と、だれにでもいうように名前を呼んで話をするだけです。

父は勝縁荘にやってくるだれにでも平等に応対しました。常連だからといって特別な扱いもしません。見慣れないからといって冷たくあしらうことも、もちろんしません。

いつだったか、勝縁荘に、金がないが泊めてくれといってきたうらぶれた作業員がいました。訊くと、小河内《おごうち》ダムの工事をしているが、休みに甲府で博打《ばくち》をしたらすっからかんになった。金はあとで払うので何とか泊めてほしいというのです。私はまだ中学生くらいで、そばで見ていて不安だったのを覚えていますが、父は二つ返事でいいよといい、泊めてあげました。人夫は涙を流しながら食事を食べていたものです。その後、人夫が再びやってきたかどうかはわかりませんが、いずれにしろ父は、だれ彼構わず平等に接していたのは確かです。これも介山の教えのおかげだったのでしょう……。

その日の泊まりは深田さんの一行だけだったと思います。夕食は、父が採ってきた山菜の天ぷら、酒と醬油で味つけした桜飯、それと大根下ろしなどでした。天ぷらは父が衣をつけ、私が揚げるというやり方でした。天ぷらは衣が肝心らしく、私にはやらせてくれませんでした。食事の準備ができると、囲炉裏端《いろり》に運び、火を囲むようにして始めました。

「山小屋なので何もなくてすみません。女房でも上がっていればもっと気が利いた物を召し上がっていただけると思うのですが……」

父が頭を下げていいます。

深田さんは、とんでもないと顔の前で手を振ると、酒を飲みながら天ぷらを美味しそうにつまんでいました。深田さんは酒があまり強くないらしく、少しの酒で顔を赤くしていたようです。

食事が終わり、私は台所へ食器を運んで洗い始めました。当時は洗剤など便利な物がないので囲炉裏の灰で洗いました。スポンジもありません。縄を丸めたたわしを使います。それはよいのですが、十一月の沢の水は氷のように冷たくて、洗っていると心臓が苦しくなるほどです。そればかりか、手はひびが切れ、真っ赤になっています。その手を見ると、いくら父の跡を継ぐとはいえ自信がなくなりそうでした。私は台所の隅でひびの切れた手に息をかけていたものです。

それでも我慢がならず、囲炉裏に向かいました。かじかむ手を何とか温めたかったのです。するとそこには、ランプの下、深田さんがひとり物思いに耽《ふけ》っていました。ほかの人は早々に寝室に引き揚げたようです。父はというと、深田さんの前でごろりと横になって寝ていました。

私が父を起こそうとすると、ま、いいから寝かせておきなさい、とでもいうように目配《めくば》せします。

そして、「食事、とても美味しかったよ。ありがとう」と、にこやかにいってくれるのでした。

私は満足に返事もできずに頭をかいているばかりです。高校を出たての私はまだ子供で、大人の人と満足に口も利けないのでした。

「おや……」

深田さんは、そんな声を発します。何だろうと見ると、深田さんが私のひび切れた手を見て暗い顔をするのです。

「ごめんよ、悪かったね。痛そうだよ、その手……」

本当に可哀想というような表情をして私を見上げます。私はあわてて手を隠しました。

「いつものことです。慣れています」

私は恥ずかしいやら照れくさいやらで、その場を立ち去りたい気持ちでした。かといって囲炉裏のそば以外は火の気がなくて離れられません。

私は、照れ隠しにランプ掃除をすることにしました。黙々と掃除をしていれば、深田さんは話しかけてこないと思ったのです。私は囲炉裏のそばに、前日に使った煤《すす》だらけのランプを七つほど並べて掃除を始めました。ほやを外して息をかけ、それをタオルで磨くのです。

「手伝うよ」

深田さんが笑いながらいってきました。

「ぼくの仕事ですから……」

私はあわててそういい、断りました。

「面白そうだから、やらせてくれないか」

お世辞ではなく、本当にやりたそうでした。早くも深田さんは、腰にぶら下げていた日本手拭《てぬぐ》いを手にして手を差し伸べています。私はその仕種《しぐさ》がおかしくて吹き出したくなるのをこらえて、深田さんにランプを渡しました。

私はランプを一生懸命磨きました。深田さんも懸命に磨いています。ときどき、ランプのほやを上に吊るしているランプにかざしているのが視界の隅に見えます。

「だいぶきれいになった……」

などと深田さんは独り言をいっています。不思議と私の肩から力が抜け、他人を感じさせませんでした。まるで長年付き合ってきたような安らぎを感じるようになっていたのです。

囲炉裏の火がパチパチとはぜる音が聞こえてきます。とても静かな、雰囲気のよい夜でした。あれほど冷たかった手もいつしか温まってきていました。

やがて、ランプの掃除が終わる頃でした。囲炉裏の横で寝ていた父がのびをして起き出しました。

「深田さん、これはこれは、寝てしまいましたな。申し訳ありません」

父は頭をかきながらいっています。

「気持ちよさそうに寝ていましたよ」

深田さんはそういうと、私のほうを見て、

「しかし、なんですな。ぼっちゃんは将来はなかなかたくましい小屋番になりそうですね」

父は大きな声で笑います。私は、急に顔が赤くなるのを覚えて、「部屋へ戻って寝ます」といい、自分の部屋に戻ることにしました。

「ありがとう、頑張ってね……」

深田さんは、私のほうを振り返ると、軽く会釈をしました。優しい目でした。

「ええ……」


深田さんの記憶はそれだけです。翌日のことはほとんど覚えていません。そればかりか、しばらくは思い出すこともあまりありませんでした。ランプを磨くとき、ときどき思い出す程度でした。

あのときのあの人が深田さんだったのだと初めて知ったのは、それから数年後のことです。

「……ある秋のさ中に、私は数十年ぶりで大菩薩岳を訪れた。土曜の晩、山小屋勝縁荘に泊って、山荘のあるじ益田勝俊さんから、いろいろ面白い話を聞いて、夜の更けるのも忘れた。あくる日曜、あさ表へ出ておどろいた。蜿々《えんえん》たるハイカーの行列が登ってくるではないか……」

という一文が載っている『日本百名山』の七十番目「大菩薩岳」の項を初めて読んだときでした。

「あのとき来られた人が書いた本なの、これ」

私は父に訊きました。

「ああ、そうだよ。あの日、お前が部屋に引っ込んでから夜遅くまで二人で話していたもんさ。楽しかったなぁ」

父は懐かしそうにその夜のことを思い出しているようでした。

ランプの下、囲炉裏の前で物思いに耽っている深田さんの姿と、「ありがとう、頑張ってね」という言葉がくっきりと浮かんできたものです。

「……一夜の雨露をしのいで、ともに宿り、だれもが百年の知己であって、これ勝縁のともがらなり……」

介山の言葉を再び思い出しました。

ますだ・しげる——一九三七年、山梨県塩山市（現・甲州市）に生まれる。高校卒業後、父の益田勝俊氏が営んでいた中里介山ゆかりの勝縁荘に二代目として入る。六四年に大菩薩峠に介山荘を造り、長年、小屋番をつとめた。現在は三代目の真路氏が山小屋を守っている。

廃油ストーブ

大菩薩・富士見山荘　内木雅彦さん

今でこそ富士見山荘という山小屋の主人をやっているけれど、もともと山小屋はあまり好きではなかった。というよりむしろあまりいい印象を持っていなかった。私は中学のとき沢登りに目覚めて以来、高校になって岩登りにも夢中になったが、泊まるのはいつもテントだった。テントの生地一枚を通して自然の息吹を感じられるのがよかった。疲れたら、どこででもテントを広げて寝る。

友人と中学、高校にかけて山岳会を作ったが、名前は、ドブネズミ山岳会。いっぱしの山ヤの気分だった。そんな私だったが、山行の間には何度か山小屋に泊まったこともあった。テントと違い、なかで立って歩けるのはいい。しかし、常連が大きな顔をしてたむろしていたり、泊めてやるぞという主人の態度が好きではなかった。そして、学生アルバイトの傍若無人な態度……。山小屋には悪い印象しかなかった。山はテントに泊まってこそ本物と思っていた。

だから大学一年のとき、級友が「お前、山やっているんだってな。今度おれに付き合えよ」といいながら近づいてきたとき、「どこを詰めるの」と思わず訊いた。てっきり谷川岳とか穂高の岩場の名前が出てくるものと期待した。もしかしたら、念願の北岳のバットレスのテラスをベッドに眠られるかもしれないと思った。しかし、級友は胸を張っていった。

「有名な大菩薩。泊まりは富士見山荘。今、花がきれいだよ」

正直がっかりして、

「沢も岩もやらない尾根歩きと山小屋は興味がないのでいいよ」といった。

それでも級友は笑いながら、

「そういわずに。大菩薩はいいところだよ。小屋からは富士山が見えて風が気持ちいいところだから」といった。

「谷川とか北岳ならいいけど……」

それで諦めてくれると思ったが、友人はそれからも誘ってくる。てっきり山小屋の客集めのアルバイトでもしているのかとか、山小屋の看板娘を好きになってそれで行くのかと思った。しかし、そうではないらしい。山小屋のアルバイトをしているわけでもなく、看板娘が目的でもないらしい。ただ単に山小屋の主人や顔見知りの常連と会い、酒を飲むのがいいというのだ。だったらテントで静かに酒を飲んでいるほうがよっぽどいいじゃないかと私は思った。しかし、級友は「行こうよ」としつこく誘ってくる。

五回目くらいで私はしぶしぶ行くことにした。しかし、あまり気が進まないことには変わりなかった。行くその日の朝まで突然、病気になって熱が出ないかとか、突然、身内に不幸が起きないものかとか願ったものだ。

二十五年も前の、北風が吹く寒い日だった。その富士見山荘は、ほかの山小屋と違い、西部劇に出てきそうな幌馬車の車輪を掲げたウエスタン・スタイルの一風変わった山小屋だった。妙な山小屋に思えた。しかし、いざ富士見山荘に入ると、後に私の義理の親になる主人の岩波克聡さんとおふくろさんが迎えてくれた。

「よく来たね、さっさ、お入り。寒かったろう」

言葉だけでなく、私の頬に手を当てて、冷たいじゃないかと心配気にいう。母親にもされたことがない仕種だ。岩波さんは岩波さんで「遠慮しないでストーブにあたれ」といったかと思うと、ストーブの周りにいた男たちに「座るところを開けてやれ、常連面していたら帰ってもらうぞ」という。いわれた常連は頭をかきながら「すみません」といい、私たちの座る場所を開けてくれる。普通、怒られると座が白けるが、そんな雰囲気はなかった。どこからともなく酒と漬物が回ってきた。

「遠慮なくやってくださいよ」

おふくろさんがいった。私の級友はというと、すでに常連のなかに溶け込み、顔を赤くして飲んでいる。私の顔を見ると、「いいところだろ」というように笑いかける。たしかに温かいものを感じた。テントにはない温かみだった。

雰囲気だけでなく、ストーブもことのほか温かい。普通のストーブでなく、妙な形をしている。岩波さんに訊くと、常連のひとりが作ってくれたもので、プロパンガスのボンベを利用したものという。燃料はエンジンオイルなどの廃油。一滴ずつなかで燃焼する仕組みになっているそうだ。名づけて廃油ストーブ。酒の酔いも手伝ったのだろうか、久々にいいところにいるという気持ちになった。あとで聞いた話だが、級友に「テントもいいけれど、山小屋はもっといいな」と酔った私はいっていたという。

たった一回のこの山小屋泊まりで私は富士見山荘をすっかり気に入り、気がつくと、その後、毎月訪れるようになっていた。ときには級友をほったらかしにしてひとりで来たこともあった。山小屋に入り浸っては、岩波さんが大工仕事をするのを手伝ったり、薪《まき》を割ったりした。居心地がよかった。そのうち、私が級友に「行こうよ」と誘うほどまでになっていた。

級友はにやりと笑い、「小屋の勧誘のアルバイトでもしているのか」とか「看板娘に会いたくて行くんじゃないのか」とそのたびにいった。

級友の場合は当てはまらなかったが、私の場合は図星だった。実をいうと、一年も通っているうちに私は岩波さんの次女、ますみのことが気になっていた。ますみは数回に一回は山小屋の手伝いに来て、顔見知りになっていた。最初は三つも年上と思っていたが、じきに気にならなくなっていた。何度か二人で沢登りに行ったりした。

私とますみが結婚したのは、二十三歳のときだった。岩波さんには反対された。それというのも私は大学を卒業できなくて、五年生になっていたからだった。しかし、私は早く一緒になりたくて結婚式を挙げてしまった。富士見山荘で知り合って結婚したカップルの十五組目という。級友をはじめ山小屋の常連もたくさん来た結婚式だった。

「登山者が知り合って結婚するのはわかるが、まさか自分の娘が登山者と知り合って結婚するとは……」

と岩波さんが式場で目を赤くしていった。

私はそれ以来、岩波家の一員となり、東京でサラリーマンをしながら、ときどき山小屋の手伝いをするようになった。内心、将来、山小屋をやるのもいいと思った。そして、ときどき沢登りに行く。それとハレー彗星《すいせい》以来はまっている天体観測を楽しめる観測所を造り、登山者に見せてあげようと思った。わくわくした。

しかし、一九八五年（昭和六十）に岩波さんが突如、病に倒れ、山小屋をやめることを宣言した。

「私にやらせてください」

私は決心していうと、岩波さんは病室で首を振って、「お前にはやらせたくない。山小屋は楽しい反面、苦労ばかり多くて若いお前にはさせたくない。第一、儲《もう》からない。土地も県に返そうと思っている」といった。おふくろさんもますみもみんなで反対した。ますみは「やったら離婚だからね」とまでいう。家庭と山小屋の二重生活がつらかったらしい。

そうこうしているうちにも、岩波さんは入退院を繰り返した。山小屋はどんどん古びていく。私はときどき山小屋を見回りに行ったが、閑散とし、常連たちの声が聞こえない小屋をどれだけ寂しく感じたことだろう。そして、小屋の真んなかに温もりを失い、所在なげにある廃油ストーブ。何とか岩波さんに早くよくなってもらって再開をしてもらいたい。私は心から願った。しかし、岩波さんは三回の手術のかいもなく平成四年に他界してしまった。享年八十だった。

山小屋は完全に宙ぶらりんになってしまった。私は小屋を再開したい気持ちを強く持っていた。しかし、家族は相変わらず反対で、山小屋は朽ち果てるままにしておいてほしいといわれた。

そんな私に山小屋をやる勇気をくれたのは、ほかでもない岩波さんの葬式にかけつけてくれた常連たちだった。おふくろさんが泣きながら常連を迎えている。常連たちも泣いていた。そして、私に山小屋を再開してくれと泣きながらいう。それを見たとき、改めて温かい人たちだと思い、そんな彼らのためにも富士見山荘は残しておきたいと思った。私が初めて来て気に入ったような、温かい山小屋を造りたいと願った。

しかし、いざ再建しようとなると、いろいろな壁にぶちあたった。まず、建設に関する許可申請である。修理以外はすべて環境省や消防署、保健所などに申請しなければならない。役所に何度も足を運んで書類を作った。許可を取るだけで一年以上もかかった。あまりにも遅々として進まない申請に途中で何度、挫折しそうになったことか。しかし、ここで挫《くじ》けたら、男がすたると思った。

次に難渋したのは、銀行から金を借りる算段と実際の工事。自宅を担保に入れ、ようやく一千万円を借りた。地元の知り合いの大工さんに依頼して工事を開始した。山小屋の外観と廃油ストーブは残すことにしたが、内装は完全に直すことにした。それと、念願だった天体観測所も造ることにした。

途中、冬に入ったために工事が大幅に遅れてしまった。資金も途中で切れてしまった。しかし、資金切れになっても大工さんは手弁当で助けてくれた。私も少しでも協力しようと、完成する三カ月前からは毎週、自宅のある東京から車で通い、ペンキ塗りやら床の張り替えなども手伝った。

そして、完成間近の十一月のある日、内装工事に伴いそれまでしまっていた廃油ストーブを倉庫から出して組み立てることにした。ところが、調べると、外にある燃料タンクとストーブをつなぐパイプが壊れていることがわかった。再起不能かと思った。

私はいそいで地中に埋めてあるパイプを修理した。幸い、つながってくれた。しかし、問題は本体が作動するかどうかだ。なにぶん十年も動かしていないのだ。不安にかられながらも組み立てをした。そして、震える指でマッチを擦《す》り、点火した。しばらく何もいわなかった。じきに「ボッ」という音を立てて、燃え始めた。そしてどんどん温かくなった。感無量だった。そのとき初めて、再開にこぎ着けたと実感した。

私はその足で大菩薩の山麓にある義父の墓参りに行った。墓に花を手向けながら、
(どんな苦労があっても、みんなのために頑張るよ。見ててください、親父さん)
と私はつぶやいた。
振り返ると、馬の背のように美しい大菩薩の山並みがくっきりと見えた。

ないき・まさひこ——一九五五年、東京都杉並区に生まれる。中学から沢登りを始め、高校から岩登りにも夢中になる。大学時代からはたまたま訪れた大菩薩の富士見山荘を気に入り、通うようになる。八五年に初代小屋番の岩波克聡氏が病気になり、小屋は十年ほど閉鎖されたが、二代目として一念発起。九六年から再開工事を始め、九七年に再オープンした。その後、営業を続けてきたが、二〇一六年から休業することになった。

レッサン・ピリリ

北八ヶ岳・オーレン小屋　小平忠敏さん

　パサン・シェルパに初めて会ったのは、平成五年だ。ティルマンが世界で最も美しい谷といったネパールのランタン谷でだった。パサンは父親がサーダー（シェルパ頭）をしていたパーティーでポーターをしていた。パサンに目が行ったのは、彼の気の配りように感心したからだ。普通、ポーターは荷物を運んでいるだけだが、パサンは、トレッカーが調子悪そうにしているとすぐに話しかけたり、日本語で「がんばって」とつけ加えた。

　おれはパサンと知り合う前から、山小屋に来る登山者を連れてヒマラヤのトレッキングに出かけていたが、パサンのように、お世辞はいわなくても人が本当に困っているときに助けになるのが本物のシェルパだと思った。

　おれはパサンを日本に連れていきたかった。しかし、パサンは十八歳。まだまだネパールでシェルパの修業もしなければならない。日本に連れてきて修業させようにも早すぎる。だから数年後、縁があったら呼ぼうと思った。幸いなことに翌年、同じようにエベレスト街道に出かけたら、雇ったシェルパのなかにパサンがいた。

「おやっさん、お元気でしたか」

と声をかけてきた。この「おやっさん」には驚いたが、うれしかった。一緒に行ったうちのお客さんがおれのことをそう呼んでいたのを覚えていたようだ。さらに翌年、アンナプルナに行ったとき、おれはパサンをガイドに指名した。パサンは日本語をますます話せるようになっていて、同行の人たちも親近感を持った。こいつならきちんとやれそうだと思ったものだ。

「パサン、近い将来、日本に来て、日本の山も見てみないか」

パサンは目を輝かせて、ぜひにといった。おれはそれまで何人かのシェルパを日本に呼んだことがある。なぜそんなことをしたかというと、十年ほど前は日本人のヒマラヤ・トレッキング熱が高まる一方だった。しかし、その半面、シェルパは日本人のことをあまり知らない。そこから生じるトラブルが多かった。せっかくのヒマラヤ・トレッキングが結局はつまらないものになった、と嘆く人がいた。それを聞いておれは何とかしたいと思っていたのだ。

おれはトレッキング中に知り合った優秀なシェルパを日本に連れてくるようにした。なかには帰国後に旅行社を作り、日本人トレッカーを集めて成功したシェルパもいる。

パサンは五人目のシェルパで、日本に初めて来たのは昨年である。知り合って六年目、二十四歳のときだ。しかし、日本に呼んだからといって物見遊山《ゆさん》の気持ちで来てもらっては困る。あくまでも研修目的である。ほかの山小屋のアルバイトと同じように、朝は四時に起きて食事の準備から始め、部屋の掃除、便所掃除などをさせた。それが終わると、夜の準備もある。

なかでもおれは便所掃除は厳しく躾《しつ》けた。ネパールの便所はお世辞にもきれいとはいえない。あれでは日本人のお客さんは獲得できない。おれは、調べて便所が汚かったりすると、きれいになるまで掃除をさせた。甘やかしたら修業にならない。音《ね》を上げて、ネパールへ帰るなら帰ってもいい。しかし、パサンは黙々と働いた。

パサンは、ボッカの道すがら休んだ岩の上で目を輝かしてよくいった。

「日本人のことをもっとよく知って、国に旅行社を作りたい。そして、輸送用のヤクをたくさん買いたい」

「その調子だ。今の努力はいつかは報われるぞ」

おれはそういってパサンを励ました。

パサンは微笑《ほほえ》みを浮かべて八ヶ岳の稜線を見た。

「あ、ネパールみたい……」

そうつぶやくと、パサンは静かに歌を口ずさんだ。パサンの好きなネパールのフォークソングのひとつ「レッサン・ピリリ」だった。

「どんな歌なんだい」

「レッサンが服で、ピリリが風に震える様子です。そして山を越えて遠くへ旅をする歌です」

きっとネパールを思い出しながら歌っていたのだろう。もしかしたら、ホームシックにでもなったのかもしれない。どこか寂しげだった。


パサンが二度目に日本に来たのは今年の夏だった。しかし、そのときはひとりではなかった。キーパという恋人と一緒だった。パサンと同じマカルーという村の出身で、一昨年にカトマンズで知り合った。来る前に国際電話があり、連れていきたいというのである。

おれは「とんでもない」と最初は断った。新婚旅行気分で日本に遊びに来てほしくなかったのである。女房の酉子は「気持ちよく迎えてあげたらどうですか」と笑いながらいうが、おれは気が進まなかった。ネパール人のなかには、安定するとすぐ変になる奴がいる。おれが呼んだシェルパのなかにも、小金が貯まるとずる賢くなり、平気で客を泊めるホテルや食事の質を落とした。クレームは本人のところへ行かず、おれのところに来る。仕事は真心込めてしなくてはならない。

おれはパサンの要望を断ろうと、成田空港へ向かった。しかし、成田空港の出口からパサンが出てくるやいなや、「おやっさん、お願いします、面倒みてください。私の将来の奥さんです」

と真面目な顔でいった。まるで実の息子が嫁を紹介しに田舎に帰ってきたようだった。キーパも深々と頭を下げた。化粧気もない素朴な女の子だ。年は二十歳。おれの気が変わった。

「わかった、わかった。長野に一緒に連れていってやる」

おれはそういうと、荷物を持ってやり、「歓迎するよ」とウインクしてやった。パサンもキーパもホッとしたように笑った。キーパは見れば見るほど日本人のようだ。シェルパ族はチベット系モンゴロイドというが、日本人もその流れなのだろう。

しかし、茅野《ちの》に向かう電車のなかでおれは二人にきちんといった。

「修業に来ているのであって、新婚旅行の気分でいるなよ。子供なんかつくったら承知しないからな。すぐに本国に強制送還だぞ」

　半分怖い顔をしておどしてやった。パサンがいった。

「おれたち二人は来年結婚するつもりでいます。しかし、来年結婚するまで子供はつくらない。結婚するためには結納金として、ヤク一頭持ってキーパの自宅までいかなければなりません。それで初めて結婚できる。でも、まだヤク買えない」

「とにかく頑張れ。キーパは立派なシェルパニになるよう頑張れ」

　パサンとキーパは頭を下げた。ネパールでヤク一頭は約六万円するという。ネパールの国家公務員の初任給が九千円である。

　おれは二人に山小屋の一部屋を与えた。二カ月ほど二人はほかのアルバイトとともに一緒に働いた。ときどき二人が寄り添っているときがあった。羨ましい限りだ。しかし登山者がいるときは咳払いをして牽制した。ちょっと見には日本人と変わらず、従業員がいちゃついているようにしか見えないからだ。営業上よくない。

　それはともかく、ときどき、食事が終わったあとに二人にレッサン・ピリリを歌ってもらった。パサンがひとりのときと違い、明るいのだ。同じ歌なのにこんなにも違うものかと思ったほどだ。

　そして、八月の中旬、早いもので明日とうとう二人が揃ってネパールに帰るという日がやってきた。おれは今までパサンにいろいろ日本料理を教えてきたが、最後に天ぷらの揚げ方を教えることにした。おれは、パサンにおれの作った物とパサンの作った物を食べさせてみた。パサンはおれのはうまそうに食べたが、自分の揚げた物は「これ、うまくない」といった。

「もう一回やりなおせ」

「はい」

おれがようやく「うん」とうなずいたのは、五回目くらいのときだった。

「これなら恥ずかしくなく出せるぞ、このコツを忘れるな、パサン」

パサンがうれしそうに笑った。よほどうれしいのか、くるりと背を向けて笑い続けている。あまり笑い続けているので、いいかげんにしろよといって顔をのぞくと、大粒の涙を流していた。横で皿洗いをしていたキーパが飛んできて、パサンにハンカチを渡している。

(この野郎、みせつけやがって……)

のどもとまで言葉が出かかったが飲み込んで、パサンの肩をポンと叩いた。

八月の別れ際、山小屋の前でパサンはおれに握手を求めてこういった。

「おやっさん、お世話になりました。ありがとうございました。もし……」

「もし、なんだ……」

「もし、おやっさんが死んだら」

「なに、もし、おれが死んだらだと……」

「ええ、もし死んだら、おやっさんが好きなエベレストが見えるところにチョルテン（仏塔）を作り、おやっさんの骨を入れます」

何をいうのかと思ったら、縁起でもないことをいう。でも、それを聞いてうれしかった。おれを大切にしてくれていることがわかったからだ。思わずおれは「ダンニャバード（ありがとう）だよ」といったものである。

「じゃ、これで……」

パサンとキーパが同時にいい、くるりと背を向けた。パサンの口からレッサン・ピリリのメロディーが流れ始めた。そのあとをキーパが歌った。そしてさらにパサンが歌う。今まで聞いたなかでもいちばん明るい雰囲気だ。しかし、どこか切なく聞こえたものである。服を風になびかせて旅立ってしまう。おれは思わず、

「パサン、キーパ、来年も来い。いや、仕事が忙しくてそんな余裕はないか。来ないほうがいい。しかし、来てほしい……」

と大声でいった。自分でも何をいっているのかわからなかった。パサンとキーパが

微笑み、手を振りながら森のなかへ消えた。おれはのどをえぐくしながらつぶやいた。

「オン・マニ・ペメ・フム」（蓮華《れんげ》の宝珠に栄あれ）と。

今頃二人はカトマンズに帰り、事務所の設立準備に忙しいことだろう。いっておくけれど、おれは彼らの事務所の設立のために金は一銭も出していない。自分たちで苦労して稼いで作ることが大切なのだ。しかしおれは、無理して事務所は作るなともいっている。コツコツと売り込んでパーティーを募集してやればいつか自然と事務所ができるようになる。

「石の上、いや、ヒマラヤの上にも三年」

と教えてやった。真面目にやってくれる限り、おれも山小屋のお客さんを連れていく。

こだいら・ただとし——一九四四年、長野県茅野市に生まれる。大学で経済を学ぶが、中退し、オーレン小屋に三代目として入る。小屋番をするかたわら二十五年以上も前から山小屋に来る登山者とともにエベレスト街道などネパールにトレッキングに出かける。また、トレッキング中に知り合ったシェルパたちを日本に呼び、交流をしている。今年で小屋番歴五十六年を迎える。

山内のピッケル

奥多摩・雲取山荘　新井信太郎さん

おれが山を好きになったきっかけは、昭和二十二年、中学一年のとき、学校の遠足で雲取山に登ったことだった。親戚の鎌仙人《かませんにん》こと富田治三郎が小屋番をしていた雲取山山の家（雲取山荘の前身）に泊まってよくしてもらったこともあるが、何より自然が好きになり、一気に山に開眼した。以来、学校をさぼってよく山に行っていた。

中学を出て、高校に行くより、山に行ったほうがいいと思った。だからおれは、親に将来、家業の農業を継ぐから二十五歳まで好きなことをやらせて欲しいといい、小遣いをもらって南アルプスや北アルプスを歩き回っていた。

当然、親は心配した。心配のあまり頭を抱えていると、鎌仙人が「そんなに山が好きならしばらくうちの山小屋に預けたらいい」

と持ちかけた。親は「それはいい、お願いします」と頭を下げた。おれは登山者の世話なんかしたくなかったが、山小屋にいれば山小屋を基点にしてあちこちの山に行けるし、親も安心すると思った。

こうしておれは、昭和三十年から雲取山山の家で働くことになった。二十歳のときだった。しかし、山小屋に入ると、雑用に追われ、ほかの山に行くのは難しくなった。それに仕事は、登山者の世話ばかりでなく、便所掃除、草刈り、薪集めまで多岐にわたった。さらに登山者が山小屋を出発したあと、一日おきだが、荷上げもしなければならなかった。今はもうないが、ロープウェーの上の駅に注文した荷物が運ばれていて、それを受け取り、山小屋まで運んだ。また、三峰《みつみね》神社の近くにあった三峰山郵便局に届けられている宿泊者からのハガキも受け取った。当時は、電話も無線もなかったため、宿泊者の予約はハガキのみだった。遊び盛りのおれにすれば、遊ぶ暇もなく、大好きな雲取山も次第に窮屈になり、いつかやめようと思っていた。

そんなある日、登山者のなかに変わった杖を持って山小屋に入ってきた人がいた。ピカピカに光っていた。

「それ、何ですか」

とおれは訊いた。登山者は、

「これはピッケルといって、雪山で滑落したときに止めるために使ったり、ステップを切るときに使ったりするものなんだ」

と教えてくれた。

とにかく格好がよかった。その人はこういった。

「このピッケルは、仙台の山内《やまのうち》東一郎という鍛冶師が日本で初めてニッケルクロームモリブデン鋼を使って作ったもので、ある大学の山岳部が海外に遠征したときや南極探検隊も使った優れ物だ。昭和二十七年には皇太子（現・上皇）にも献上している。大量生産はしていず、一本一本丁寧に作っている」

「おれも欲しいな」

そういうと、その登山者は、

「それはどうかな、山内さんはもともと寡作な人でなかなか手に入らないし、もう年を取っているから、難しいかもしれない」

といった。

おれは山内さんという人がハンマーをふるいながら真っ赤に焼けたニッケル何とかという金属を叩いているところを想像した。おれはピッケルをあちこちの山で颯爽《さっそう》と使っているところを想像した。そして自慢したかった。ああ、欲しい。とにかく欲しい。

しかし、値段を訊くと、驚いた。一万円はするという。一万円というと、当時の大卒の初任給ぐらいの大金である。

「何でそんなに高いの？」

「ひとりで材料集めから何から何までやっているから時間がかかるんだ。一年に二十本くらいしか作らないらしい。しかし、その分、しっかりしている。外国にもシェンク、ベント、エルク、ウイリッシュなどいろいろメーカーはあるが、品質は世界一といっていい。繊細な作りだ。だから高い。外国のは古くからあるが、作りが雑なんだ。折れることがある」

「そうか、そういうことか」

おれは納得したが、そんな大金はなかった。しかし、見れば見るほど咽喉《のど》から手が出るほど欲しい。いろいろと考えた。やがていい考えが浮かんだ。

おれは父親と鎌仙人にこういって説得した。

「将来、おれはずうっと山小屋で働きます。その代わりにピッケルが絶対に必要です。欲しいのですが、お金がありません。出してくれませんか」と。

すると、父親と鎌仙人が半分ずつ金を出してくれることになった。二人ともピッケルを買ってやれば、おれが山小屋をやめないと思ったようだ。

おれはうれしくなってさっそく仙台の山内さんに三峰山郵便局から送金した。顔見知りの郵便局員がこんな大金どうするんだと訊いた。おれはピッケルを買うためだといった。郵便局員は、ピッケルって何だと訊く。

「ピッケルも知らないのか?」

おれは冬山で滑落したときに止めたり、凍っているところにステップを作ったりするなどと登山者からの受け売りを得意げに話した。郵便局員はへえという顔をして聞いていたが、「そんなものに大金を払うなんて馬鹿だ」などといった。

「何とでもいえ、おれはとにかく欲しいんだ」

おれは送られてくるのが待ち遠しくてたまらなかった。寝ても覚めてもピッケルのことを考えていた。これで女にもてるぞ、と思ったりした。ひとりにやにや笑っていた。仕事が手につかないほどだった。そして、翌々日、郵便局に行き、「ピッケル来た?」と訊いた。すると、郵便局員に、「金を送ったのは、おとといだろ。今、金が向こうに届いている頃だ。それなのにピッケルが来るわけがないだろが」といわれた。それもそうだな、と思い、おれは荷物を担いで山小屋に向かった。

おれは次にボッカに下りたときも郵便局に寄って、「来た?」と訊いた。が、届いていないという返事だった。その後も行くたびに訊くので、顔を出しただけで郵便局員は首を振った。ある日などは郵便局の戸を開けた途端、「来てないよ」と邪険にいわれた。おれはがっかりしたが、次にはきっと来ているだろうと、また荷物を背負いながら山に向かった。

そんなことを繰り返しているうちにあっという間に一年がたっていた。ピッケルはまだ届いていなかった。もしかしたら金が届いていないのではとか、忘れられているのではないかと心配になり、催促することにした。そうすれば送ってくれるかもしれない。しかし、催促をすると、逆に嫌われて余計に来なくなるのではないかと思い、やめようと思ったが、結局、手紙を書いた。

後日、いつものように郵便局に行き、「来た?」と訊いた。郵便局員が首を振ったが、仙台からハガキが来ているといってよこした。それは山内さんからのハガキだった。

「お金はきちんと届いています。遅くなってすみません。順繰りに作っていますが、各地からの予約が多すぎて、なかなかあなたさまの番に回ってきません。そのため遅れています。もう少しお待ちください。かならずお送りしますので」

おれは安心した。作ってくれる気があるだけでなく、順番待ちというのがわかったからだ。もう少し待ってみようと思った。届くのは時間の問題だ。そのうち絶対に届くはずだ。待てば海路の日和《ひより》ありっていうじゃないか。

しかし、ピッケルは翌年も送られてこなかった。そうしているうちに昭和三十四年の暮れに鎌仙人こと富田治三郎が亡くなった。享年五十七だった。おれが山小屋に入ってから五年目のときだった。

翌昭和三十五年四月から山小屋の名前を雲取山荘に替えておれが正式の小屋番になった。まだ二十五歳のときだった。今まで以上に朝から晩まで忙しくて寝る暇もなかった。忙しすぎて逃げ出したくなったことが何回もあったが、今、おれがやめたら誰もやる者がいなくなる。そう思うと、ぐっと我慢して働いた。そんなおれの気持ちを慰めてくれたのが、やはりまだ見ぬピッケルだった。毎日のように明日こそ届くと念仏のように唱え、楽しみにしていた。

そんなある日、山内さんのピッケルを持っている登山者が来た。やはり光って見えた。

「これ、山内さんのピッケルじゃないですか。おれも頼んでいるんですよ。どうやって手に入れたんですか。おれはもう何年も待たされていますよ」

「おれも待たされた。あまり待たされたので、仙台の仕事場に直接押しかけて作ってもらった。だいぶ年とっていたから申し訳なかったが、やってくれたよ。もし、信ちゃん、あんたもどうしても欲しかったら仙台まで行かなきゃ。そうでなければ手に入れるのは難しいよ」

しかし、小屋を離れるわけにはいかなかった。鎌仙人は人使いが荒かったが、接客に関してはいろいろと教えてくれた。まず山小屋の主人はいつも小屋にいること。そして、玄関を開けて前を通る登山者のほうを見ていること。登山者は入らなくても玄関から小屋をちらりと覗くだけで主人がいることを知り、今日は泊まらなくても今度は泊まろうかと思うようになる。それと山小屋のアルバイト同士は、話に夢中になってはいけない。常に外に目を向けていなくてはならないなどと躾けられた。文字どおり、小屋番は、小屋を番するのが仕事なのであり、離れてはいけないのである。

おれはまた催促の手紙を書いた。すると、折り返しハガキが来た。

「すみません。新井様のピッケルはまだできていません。申し訳ありません。今年、私は七十歳になり、なかなか仕事が進みませんのです。ご理解の上お待ちいただければ幸いです」

もう古希になるのか。そんな老人がハンマーをふるって仕事をしているのかと思うと、気の毒に思ったが、それでもピッケルが欲しかった。だが、翌年もその翌年もピッケルは送られてこなかった。指折り数えると、金を送ってからもう七年もたっていた。おれはさすがに諦め、その後は、催促の手紙は出さなかった。というのも山内のピッケルに詳しいある登山者に話すと、

「山内さんは完璧主義者で、気に入るまで何度も作り直す。そのため効率が悪く、なかなか仕事が進まない。それに塵肺症を患っているため咳をしながら仕事をして大変らしい」

という。体がぼろぼろの状態にあるのがわかった。そんな人に仕事をさせたら可哀想だと思ったのだ。

以来、おれは郵便局に行っても登山者からの予約のハガキは受け取るが、ピッケルが来ているかとは訊かなかった。そんなおれを郵便局員が哀れんだ顔をして見ていたものである。

昭和四十一年四月のある寒い日だった。おれが山小屋の近くにあるキャンプ場で掃除をしていると、突風が吹いた。ゴミが舞い上がり、登山者が捨てたゴミやら新聞紙などがものすごい勢いで飛んできた。ほとんどはあっという間におれの背後に飛んで

いってしまったが、一枚だけがおれの顔に張りついて離れなくなった。息ができないほどだった。取ろうとしても取れなかった。ええい何なんだ、思い切って新聞を引っ張ると、破けて、紙片が残った。丸めて袋に入れようとしたが、ちらりと、紙面に「ピッケル」「山内」という活字が見えた。あわてて新聞を見た。すると、「山男支えて四十年　ピッケルの山内氏死去」という見出しが飛び込んできた。おれの体は固まってしまった。

記事にはピッケルを笑顔で見つめる山内さんの顔写真が載っていた。好々爺といった感じだった。新聞記事を何度も繰り返し読んだ。それにはこんな具合に書かれていた。

ピッケル作りの名人、山内東一郎さんが四日亡くなった。享年七十五だった。昨年暮れ、火事で仙台市の自宅と仕事場を失い、後援者の家に身を寄せていたが、火事のショックで塵肺症の病状が悪化していた。山仲間たちは「山内さんにもう一度ハンマーをふるってもらおう」と「山内東一郎翁を励ます会」を結成した。全国から約五十万円の資金が集まり、新しい家を造り、完成間近だった。

山内さんは青森県に生まれ、小学校を出るとすぐ鍛冶屋に奉公した。明治四十五年に上京の途中、汽車賃がなくなり、途中下車した仙台に住みついた。山内さんが、ピ

大切にしている「山内のピッケル」を持つ新井信太郎氏。「年をとって山を歩けなくなったが、これを握ると、山を駆け巡りたいとう気持ちが高まってくるんだ」

ッケル作りに打ちこむようになったのは、昭和二年。ある山男に依頼されて作ったのが最初だった。東北大学金属材料研究所の助言もあって、ニッケルクロームモリブデン鋼を使って初めてピッケルを作った。すぐれた鋼材に山内さんの技術がプラスされ、一本ごとに声価は高まり、全国の登山家仲間から「世界一」といわれた。昭和十一年の○×大のヒマラヤのナンダ・コット登頂、南極探検隊にも山内のピッケルが使われた。

一週間ほど前までは「八十まで生きて山男たちの心のこもった新しい仕事場で、いいピッケルをどんどん作るんだ」と呟いていたという。山内さんがこれまでに作ったピッケルは二千数百本。山内さんは死んでも「山内のピッケル」の名は長く残るだろう。

おれは諦めていたとはいえ、新聞記事を読んで、ああ、これでとうとうピッケルが手に入らなくなったと思うと、今さらながらにがっかりした。ピッケル代は香典にしてもらおうと思った。何だか夢が終わったような気がした。おれがまだ三十一歳のとき、もう五十年も前の話だ。

しかし、諦めたわけではなかった。ピッケルを持っている登山者を見かけると、「それ、山内のピッケル？　よかったら譲ってくれない？」と訊いたものだ。しかし、山内のピッケルを持っている人はあまりいなかった。いても、絶対に譲れないと断られ、悔しい思いをした。

そんなおれにも今は、二本、山内さんのピッケルがある。四十代と六十代のときに縁あって知人から譲ってもらったものだ。山内さんから直接送ってもらえなかったけれど、巡り巡って届いたのだと思う。

おれは今、八十一歳。山を歩くのがもう辛くなり、七十七歳のときに息子に山小屋を譲り、山を下りた。そして、自宅で電話番をして御隠居さんみたくなってしまったけど、山内さんのピッケルを握ると、身も心も若い頃のようになって昔のように山を駆け巡りたいという希望が湧いてくるんだ。

あらい・しんたろう——一九三六年、埼玉県秩父市に生まれる。六〇年から先代の富田治三郎氏の跡を継いで雲取山荘の小屋番になり、年間二百日以上の山暮らしを続けてきた。九九年、雲取山荘を新築し、新たなスタートを切ったが、二〇一二年に息子の晃一氏に山小屋を譲り山を下りた。著書に『雲取山に生きる』（実業之日本社）などがある。

第2章 雷親爺

幻の金鉱脈

奥秩父・十文字小屋　山中邦治さん

初めてそれを見たとき、てっきり熊の穴かと思った。巨大な石灰岩の岩山の上から下をのぞくと、崖《がけ》下三メートルほど下にポッカリと横穴が開いていたから無理もない。

「親父、下りるからザイルを出してくれないか……」

一緒に来ていた父親にいうと、

「おお、行ってみるか。熊がいたら、熊の胆《い》でも取ってきてくれや」

と真剣な顔でいわれた。

ザイルを巻きつけると、私は父親に確保してもらって、スルリ、スルリと下りていった。

やがて、その穴に近づき足場を確保すると、穴は空洞になっていた。今にもその穴のなかから熊がほえながら、勢いよく飛び出してくるような気がした。私はおそるおそるのぞいた。試しに石をなかに投げてみた。ボトッという音がした。泥の上に落ちたような音がしたものの、熊のほえ声は聞こえてこなかった。

マッチをすって見ると、闇のなかに真っ白なドームが浮かび上がった。熊の穴にしては大きい。しかもきれいだ。

また、マッチをすった。下を照らすと、二メートルほどえぐれていて、階段がないと下りられない。熊は棲《す》んでいないようだ。

三本目のマッチをすった。よく見ると、ドームの奥に通路が続いているのがわかった。ようやくその段になって、もしかしてこれが鍾乳洞《しょうにゅうどう》というものかと気がついた。

「これは大発見だぞ」

私は大きな声で叫んだ。

「何が大発見なんだぁ」

上から父親の声がした。

「熊の穴かと思って入ったら、鍾乳洞だったよ、それも大きい」

「鍾乳洞だ?……」

父親が首を傾《かし》げている顔が見えた。

これが忘れもしない、初めて赤沢岳十文字鍾乳洞を発見したときのことだ。昭和十七年、私がまだ二十一歳。十文字小屋もまだない、五十年以上も前のことだ。

あの当時、私は炭焼きをしていて、時間があると、山を歩いては山菜を採ったり、木の実を採ったりしていた。その日は、枝ぶりのいい木を探しに来ていた。盆栽ブームで小さな木が高く売れ、いい小遣い稼ぎになったからだ。たまたま、赤沢山の近くを歩いていたら、石炭岩の巨大な岩壁があり、登ると、足元に穴がポッカリと見えたというわけだ。現在のうちの山小屋から栃本《とちもと》のほうへ一時間半から二時間ほど下ったところだ。

その日は怖いという思いもあって、ほんの少し足を踏み入れただけで家に帰った。次に行ったのは二週間後で、山好きな親戚の人と懐中電灯を持っていった。マッチと違い、懐中電灯で改めて照らすと、白いドームのなかには夏の空に出る積乱雲のような模様が見えた。まさに白亜の殿堂、大伽藍《がらん》もかくありなんといった感じだった。

下に下りると、泥がたまっていた。その泥に私の足跡がつく。今までだれも入ったことがないようだ。すぐ近くの登山道は、中山道《なかせんどう》の裏街道として江戸時代には多くの人に歩かれた道だ。当時の二里観音、三里観音などが道端にまだあるほどだ。この鍾乳洞にはだれも気がつかなかったのだろうか……。

鍾乳洞のなかは狭くなったり、広くなったり、まるでおとぎ話の国に迷い込んだようだった。そのうち、天井から床からいろいろなものが突き出ているのに気づいた。最初は氷だと思った。寒いので洞窟のなかにつららでもできているのだろうと思ったものだ。しかし、よく見るとそれは氷ではなく、さまざまな鍾乳石だった。天井からストローのようにぶら下がったのが鍾乳管で、それが太くなったものが鍾乳石だ。逆に床からタケノコのように延びたのが石筍《せきじゅん》で、鍾乳石と石筍がつながったものが石柱である。

見とれてしまったのは、まるで乳房のようにふっくらとした、その名もニュウ。丁寧にも先端には乳首のような物までついている。乳白色に輝いているのがきれいだった。その自然の造形美に、私は親戚の人と言葉も交わさず見惚れていた。私は、宝物を見つけた、大金持ちになれる、と思った。当時は、これといった仕事もなかったので、鍾乳洞を見世物にしたら大儲けすると考えたのだ。料金を取って人に見せる。客が来て金持ちになる様子を思い描いた。

しかし、妄想はすぐ消えた。鍾乳洞を整備するには莫大な資金が必要だ。私には余裕もなければ、頼むところもなかった。身動きが取れなかった。結局は宝の山を前にして指をくわえている状況で、夢が膨らむだけだった。そして、ときどき鍾乳洞に行っては、隠れ家として遊ぶ程度が関の山だった。

その鍾乳洞が世間に知られるようになったのは、それから十年近くたった昭和二十六年、写真家の清水武甲の弟で清水大典という植物学者に鍾乳洞のことを話したのがきっかけだった。彼は興味を持ったらしく、調査したいので案内をしてくれと頼んできた。調査は、彼だけでなく、大勢の高校生も動員されて行なわれた。数日間の調査の結果、鍾乳洞のなかは入り口のドームから先は二手に分かれ、それぞれ別に出口があることもわかった。

断面図もでき、名前をつける段になって、大典と話しているうちに赤沢岳十文字鍾乳洞という名称がいいということになった。世間に知られるようになって鍾乳洞や山の案内を頼まれたりした。そこそこに登山者やら研究者らがやってきた。私は山を探検してもっと鍾乳洞を探そうと思った。

昭和二十七年、県に許可をもらい山小屋を造り、家内と一緒に入った。しかし、私は小屋番をほとんど家内に任せ、探検するために山を歩き回った。十文字峠といえばアズマシャクナゲといわれるように、シャクナゲのいい群生地を見つけたのもそんな頃だ。

昭和三十一年、別の場所に巨大な石灰でできた岩山を見つけた。鍾乳洞があるかもしれないと思い、調べると、やっぱりあった。赤沢岳十文字鍾乳洞より大きく、今度は、長瀞《ながとろ》自然博物館に連絡して、調査に入ってもらった。私が発見した二つ目の鍾乳洞の中津川雲海鍾乳洞である。新聞にでかでかと載って話題を呼んだ。久々に山が賑わったほどだった。

しかし、いいことがあれば悪いこともある。鍾乳洞を見回ると、鍾乳石がところどころ欠けている。あれほど形のよかったニュウがみすぼらしくえぐれていたり、スプレーで「○○参上」などという落書きもあった。入り口には削り取られた鍾乳石が捨てられていた。なかで見たらきれいだったが、外の光で見た途端、色あせて捨ててしまったのである。

捨てられた鍾乳石を見て、私は愕然《がくぜん》とした。自分の身体の一部を削り取られたような痛みを感じた。自然をなんと心得ているのだろう。鍾乳洞のある地層は、秩父古生《こせい》層、中生層《ちゅうせいそう》の石灰岩層といわれ、時代にすれば、中生代頃で二億五千万年も前のものだ。そんな長い年月を経てできたものが簡単に壊されている。鍾乳洞に申し訳ないと思った。私が発見したばかりに……。

私は自分のことも反省した。今まで盆栽用に木を持っていったり、きのこが生えていると蹴飛ばしたり、リスを見ると石を投げたりした。とんでもないことをしていた。自然は自然のままにしておかなければならない。

遅い悟りだった。

そんな私に近所の人が、鍾乳洞ばっかり探してないで、どうせなら金鉱脈でも発見したらどうだ、といった。

「鍾乳洞はもう探していないよ」

私はそういった。が、その一方で煩悩《ぼんのう》がなかなか抜け切れないのか金鉱脈に引かれつつあった。そういえば、奥秩父の随所に武田信玄の隠し金山があったという話が伝えられている。なかでもマタノ沢鉱山と呼ばれたところでは、山が蜂の巣になるほど掘られたという話だ。

自然を壊してはいけないが、金鉱探しはロマンだ。探検魂に再び火がついた。私は相変わらず家内に山小屋を任せて、あちこち歩き回った。あの沢、この沢、あちこち探した。小さな鍾乳洞もあったが、のぞいただけにした。そっとしておいてやろうと思った。

そうこうしているうちに、大山沢という沢で私の足がピタリと止まった。ほかでもない、幅十五センチほどの黒い鉱脈が山肌を大蛇が這いずり回ったように続いているのを発見したからだ。小躍りした。金の鉱脈だと確信した。金の鉱脈は金色をしているわけではない。とうとうやった。これでようやくおれも大金持ちだと思った。

後日、私は知り合いの鉱山技師を連れて再び山に入った。あらましを伝えると、その鉱山技師も金の鉱脈に間違いないというのである。私は鉱山技師を案内しながら山をどんどん歩いた。

しかし、どうしたことだろう。どこを探してもあの金鉱脈は見つからないのだ。何度も行ったり来たりした。しまいには嘘をついたな、と鉱山技師に怒鳴《どな》られたほどだ。

不思議なこともあるものだ。十文字峠とその周辺のことならだれにも負けないほど知っているつもりなのに、あの鉱脈の場所を見失うとは。もしかしたら土砂崩れでもあって、土がかぶさってしまったためにわからなくなったのかもしれない。しかし、その前には雨も降らず、土砂崩れの形跡もなかった。探しあぐね、私は沢のなかにぼんやりとして立っているだけだった。沢の音だけが大きく聞こえ、狐につままれたような感じだった。

もったいない気分だった。しかし、その後、探したかというと、そうではない。私はそれ以上は探さなかった。

きっと、金鉱脈が発見されることによって、鍾乳洞のとき以上に騒がれることを恐れたのだろう。鍾乳石が捨てられたように山が荒れるのはもうこりごりだ。そう思った途端、記憶の回路がストップし、方向感覚を狂わせてしまったのかもしれない。自然は自然のままにしておいたほうがいい、と。

今でも幻の金鉱脈が発見されたという話は聞こえてこない。

やまなか・くにはる――一九二二年、埼玉県大滝村（現・秩父市）に生まれる。大滝尋常高等小学校を卒業後、木工職人、炭焼き、山案内人をする。五二年から妻の時子さんと十文字小屋に入った。二〇〇〇年、五十周年を迎える前に息子の徳治氏にバトンタッチした。

隠れ家

北八ヶ岳・縞枯山荘　嶋　義明さん

「ただ今、薪《まき》を作りに森に入っています。ご用の方は鐘を鳴らしてください」

おれには小屋番の仕事が暇になると、すぐにそんな看板を玄関に下げて出かけてしまう場所がある。おれがひとりで勝手に隠れ家《が》と呼んでいるところである。

隠れ家といっても別に遠いところにあるわけじゃない。山小屋の背後、丘のような一角にある。距離にしてほんの百メートルほども登ったところだ。しかし、登山道もなく、みっちり生えた樹木の間を登っていかなければならないのでだれも来ない静かなところである。

そこに立つと、蒼《あお》い空が大きく広がっている。開放的なとても気分のよい場所で、冬などは日だまりで暖かい。おれはいつもここに辻まことや相田みつをの本とコーヒーポットを持ってきては、ひとり横になり、のんびりとしている。たいていは三時間ほどもいる。ここにいると、キャーハッハッハと奇声を発するおばさん登山者たちの声も聞こえなければ、酔っ払って若いアルバイトの女の子の胸や尻をさわるおじさんに腹を立てることもない。

山小屋の鐘がカーンと鳴れば「はい、はい」といいながらスルスルと下りていけばいい。三分もかからないから登山者に厄介をかけることもない。

ここでぼんやりしていると、ときどき、何の脈絡もなく昔の楽しかったことを思い出しては、ひとり吹き出してしまう。

何年か前に山小屋組合のみんなと行った温泉旅行のときのこともそのひとつ。宿で杯を重ねるうち、気が大きくなって色街《いろまち》へ行こうということになった。そしてゾロゾロと暖簾《のれん》をくぐっては、各自招かれるまま部屋に消えていった。朝、宿に戻ると、日頃はおとなしい○○小屋の○○兄ぃや△△山荘の△△兄ぃたちが「おれ、久々に青春しちゃったぜ」と、はにかみながらいっている。それも目の下に隈《くま》を作って。

その顔を思い出すと笑いが止まらず、おれは腹を抱えてしばらくのたうちまわる。人には見せられない姿である。でも、仕事を離れてだれにも邪魔されずにひとりになれる場所であることには変わりない。おれの気に入っている場所だ。

そもそも、ここに初めて来たのはいつ頃のことだったか。よく覚えていないが、五、六年ほど前だったことは確かだ。山小屋を始めて十五年ほどたっていた。その頃、山小屋では心労が重なることが続き、おれは少しノイローゼ気味だった。どこかへ逃げ出したいと思っていた。

ちなみに山小屋は売りに出ていた物で、ひと目見たときから気に入り、何が何でも買おうと思った小屋だ。だからおれは全財産を投げ打って買った。格好よくいえば、人生の勝負をかけて買ったといってもいい。

山小屋はもちろん、周辺の一木一草が気に入っていた。その自然を壊さないようにゴミ拾いを常にしたし、便所もほかのどの山小屋よりもいち早く紙を捨てさせないようにした。そして、便が早く土に返るようにバクテリアで分解することもした。汚い話だが、分解の速度を早めるために便壺をかき回しもする。すると、グンと便の量が減った。気絶するほど臭いけれど、自然のためには厭《いと》わなかった。

しかしあの頃は、心の隅でどこかへ逃げたいと思っていたようだ。その大きな原因はというと、変な客が多かったということだろう。ロープウェーが近く登りやすいせいか、変な観光客や登山者が来るのだ。

例えば、自殺志願者。ある日の夕方、山小屋の前を男がひとり通っていった。これからどこへ行くのかと見ていると、目も合わさず通り抜けていく。もしかしたらと思っていると、案の定、夜、その男が手首を血だらけにしてやってきた。お客が悲鳴をあげる。おれは憐《あわ》れむよりムッとしてアルバイトに、出刃包丁を持ってこい、といった。男に、死にたければこれでひと思いでやれば死ねるぞ、といってやった。すると、痛いから嫌だと泣き始める。男に話を聞くと、ある家に婿《むこ》に入ったが、姑《しゅうとめ》にいびられて死にたくなったのだという。

「泣きたいのはおれのほうだぜ。そんなつまらないことで騒ぎやがって、馬鹿な真似をするんじゃねぇ、べらんめぇ」

おれは怒鳴《どな》った。その夜は小屋の梁《はり》で首をくくられたら嫌だから添い寝をしてやった。朝もきちんと飯を食べさせた。食欲がないのかと思ったら、飯をお代わりする。男は何度も頭を下げて帰っていった。頑張りますといっていたが、その後、葉書のひとつもよこしやしねえ、ったく。

その後も変な奴はいっぱい来た。そのひとりに、山小屋に入っても目出帽を取ろうとしない男がいた。小屋にいたほかの登山者が怖がって少しずつ離れていく。不気味だから顔を見せてよというと、自衛隊に追われているから駄目だという。でも、お客さんが気味悪がっているぜというと、しぶしぶ取った。普通の中年男だが、目が落ち着かなかった。ザックからウイスキーを出すと、一気にコポコポと半分も飲む。あっという間に腰が立たなくなっていた。

登山者は登山者で、こいつを泊めたら出ていくからなと厳しい文句をいう。間に立っておれは困り果て、結局は金を返すからロープウェーの床下にでも寝てくれと頼んだ。すると男は焦点の合わない目で、ここに来たことはＣＩＡに秘密にしてくれなどと訳のわからないことをいい、フラフラと歩いていく。心配であとをつけていくと、ロープウェーの軒下にツェルトを張り、シュラフに入ると、すぐに寝てしまった。けっこう手慣れたものだった。

かと思えば、税務署が査察に来たりもした。おれは悪いことをするのは嫌いだから不正はしていない。しかし、まるで悪者扱いするように根掘り葉掘り訊いてくる。税金を払いたくなくなる。それでなくとも現在は税金があまり福祉に使われず、林道工事だとかトンネル工事だとか日本の自然を破壊しまくる無駄な公共事業に使われる時代ではないか。行政に対する不信感が増すだけというものだ。

これら以外にも、いい年をした中高年が酒を飲みすぎて、登山者同士でけんかをしてみたり、寝ぼけて個室を便所と間違え、寝ている人の顔に小便をかけてみたり、話のネタはつきない。

客ばかりではない。身内であるはずのアルバイトの小屋番も同じだ。イライラすることがけっこう多い。自分の頭のハエも追えそうにない二十歳そこそこのアルバイトのガキが大事な客に、そこに足を乗せるなとか、雪を落とすなとか、主人のおれが真っ青になるほど偉そうに注意している。そんなのを見ると、具合が悪くなる。殴りたくなる。何と勘違いをしているアルバイトが多いことか。

山小屋を始めたとき、おれは希望に燃えていたが、そんな具合に怒りで体がふるえるようなことが続くとは少しも想像しなかった。山小屋の経営に自信がなくなっていたのだ。

そんなときだ。ふと気がつくと、この隠れ家に立っていたのは。正直いってどうやってここに来たのか覚えていない。しかし、ここにいると別天地にいるようで、とにかく心が休まったことは確かだ。

こんな大好きなおれの隠れ家に形容し難い変化が現れたのは、一昨年の秋頃からだった。そのとき、おれはいつものようにコーヒーを飲みながら辻まことの本を読んでいた。すると、周りの木がザワザワしているのに気づいた。何だろう、これは、と思った。なぜかというと、風がそよとも吹いていないのに木がザワザワとかサワサワとか音をたてているからである。オコジョでも隠れているのかと思ったほどだ。

おれは本を閉じると、木の根のところをのぞいてみた。途端に何もいわなくなった。「何だ、気のせいか」とつぶやきながら再び本を読んだ。しばらくすると、また、ザワザワとしてくる。不思議といえば不思議である。しかし、すぐに興味を失い、本に夢中になった。

だが、その後も晴れた風のない日なのに出かけると、きまってザワザワ、サワサワという音が聞こえる。それを聞くと、さすがに奇妙に感じた。そして、何度目かのとき、

（これって、もしかして木がしゃべっている声じゃないのか……）

と気づくようになっていた。そんな馬鹿なと思いながらも、しゃべっているように聞こえてくるから不思議だ。ハイマツは声が高くて、シラビソはちょっと声が低い。おれは本を閉じて、

「木もしゃべるのかい」

と口にしていってみた。途端に水を打ったように静かになった。しかし、再び本を開いて活字を追い始めると、ザワザワ、サワサワと、何かいい始める。木同士が会話をしているようにも聞こえるし、ときどきおれに「やぁ」とか「元気かい」といっているように聞こえる。

あるときなどは、そんなに怒らずに気長にやろうぜ、などというふうに聞こえたりもした。確かにアルバイトの子を叱ったあとで胃が痛いときなどに来ると、そんなふうに聞こえたりするから面白い。すると、おれの心のなかでも、そうだ、怒りすぎたな、などと木と無意識のうちに会話をしている。そして小屋に戻ったら謝ろうなどと心のなかでいっているのに気がつく。そんなときに限っておれの肩にメボソムシクイやシジュウカラなどが止まっていたりする。しかし、われに返ると、鳥はすぐに飛び立っていく。

ふと、そのとき、おれは二十年目にして森がようやくおれを仲間にしてくれたのではないかと思った。我と来て遊べや親のない雀ではないけれど、何かあったらここでのんびりしていけといわれているような気がした。そのための場所なのではないか。そういえば、初めて知らないうちにここに立っていたのも、自然に導かれたのではないかと今になって思う。今までつらいことがあっても投げ出さなかったおれに対する、森からのご褒美ではないか。

（そうなのかなぁ、そうだったらいいなぁ。おれもようやく森の一部に認められたのかなぁ……）

おれは漠然とつぶやいた。すると、それまで沈黙していた周りの樹木が、まるで

「そうだ」とでもいうようにザワザワ、サワサワと、小さいが確かに声を上げた気がした。

しま・よしあき――一九三九年、東京の浅草に生まれる。十五歳のときから家業の八百屋を継ぎ、そのかたわら、丹沢、谷川岳などの山に通う。各地の山小屋に泊まるうち、将来は山小屋の主人になりたいと願い、三十九歳のとき財産を投げ打って北八ヶ岳にある縞枯山荘を買い取る。現在は息子に小屋を譲り、隠居生活をしている。

河童の頭

陣馬山・清水茶屋　清水辰江さん

昭和五十九年の春頃のことだった。私がいつものように清水茶屋で店番をしていると、背の高い若者が六人やってきた。

「いらっしゃい……」

といおうとして、私はびっくりして言葉を飲み込んでしまった。それというのも、その若者たちが着ているアロハシャツのような派手な服装もさることながら、全員が頭髪にパンチパーマをかけていたからだった。まるで不良の集団だった。

そのなかのひとりに特に目立つ頭をした若者がいた。パンチパーマ崩れの頭髪を真っ赤に染めただけでなく、ポマードで固めてあっちに引っ張り、こっちに引っ張りしている。私はまるで「河童《かっぱ》の頭だ」と思った。私は驚きを通り越して思わず笑ってしまった。

しかし、すぐにこの異様な若者たちを見ていると、

（なんだろうね、この子たちは……）

と寂しい気持ちになった。

やがて、若者たちは、私におでんを三皿注文してベンチに座った。服装や頭髪はずいぶん大人びているけれど、声はまだ高校生のようだった。

「あんたたちは高校生かい」と訊くと、

「ああ、そうだよ」と無愛想な声が返ってきた。

私は、若者たちが高校生だと知ると、三皿では足りないと思い、大きな皿に六人分くらいを入れて持っていった。

「食べ盛りのようだから、おばさん、特別にサービスしたよ。たくさんお上がりよ」

すると、若者たちは、

「やったぁ」

「登ってきたかいがあったぁ」

などといって食べ始めた。うれしそうな顔や食べる様子はまだまだ子供のように私には感じた。

それにしても異様な格好の若者たちである。陣馬《じんば》山で二十年以上も茶屋を開いてい

るが、今まで見たことがない。何気なく見ていると、目が合った「河童の頭」が肩を怒らせてこういった。

「おばさん、格好いいだろう、おれの頭」

私は若者らしくないそのいい方にカチンときた。それまで抑えていた怒りが一気に爆発した。

「何が格好いいもんですか、そんな頭。まるで河童だよ、河童。ちっとも格好なんかよくないよ。高校生のくせにそんな頭をして、あんたらの親は何ともいわないのかね。私が親だったら、その頭かきむしってやるよ、まったく……」

若者たちは、私の怒りに圧倒されたのか、おでんをつまむ箸《はし》を止めて下を向いた。しかし、私の怒りはおさまらずなおも続けた。

「あんたたち、これから就職するのか大学へ行くのかは知らないけれど、どっちにしたってそんな頭をしていたら先には進めないよ。世の中、そんなに甘くはないんだからね、嘘だと思ったら、ほかの大人に訊いてみなさいよ」

私はいつになく興奮していた。涙が溢れているのも構わず強い口調でいった。

「山のおばさんのお節介かと思うかもしれないけれど、まともな頭にしなさいよ、まともな頭に」

若者たちは相変わらず、ウンともスンともいわないで下を向いている。ふと、テーブルを見ると、おでんが冷たくなってしまっている。急に若者たちが可哀想になってきた。

「ごめんよ、おでんが冷たくなってしまったね、温かくしてくるから少し待っててね」

そういっておでんを温め直した。そして、再びテーブルに置いた。

「あんたたちを怒るのは、別に憎いからじゃないんだよ。私も子供の頃は母親によく叱られたものさ。そのときはうるさいな、と思っていたけれど、大人になって振り返ってみると、怒られてよかったということがいっぱいなんだ。だから悪く思わないでちょうだいよ。ほら、おでんが冷めるよ、食べて、食べて」

若者たちは、それから無言でおでんを食べると、すごすごと帰っていった。私はそんな彼らの後ろ姿を見ながら、いいたいことをいって若者たちを傷つけたのではないかと思い、この日は、後味が悪かった。私に怒られた腹いせにどこかで悪さをしなければいいが、とキリキリと痛む胃の辺りを抑えながら思った。心残りだった……。

それから三カ月ほどした夏のある暑い日のことだった。お客さんが少ないので掃除をしていると、ひとりの若者が店の前でウロウロしているのが見えた。

「いらっしゃい、ジュースでも欲しいの？　冷たいのがあるよ」

私はその若者に声をかけた。若者はポケットに手を突っ込みながら下を向いている。

（何だろうね、この子は……）

と思いながらその若者の顔を見てハッとした。一度しか見なかった顔だったが、その若者が「河童の頭」だとすぐにわかった。

私はとてもうれしくなって外へ飛び出した。そして、その若者を抱きしめた。なぜって、その若者は頭をきちんと七三に分けているだけでなく、普通の半袖のシャツを着ていたからだった。そこには、ごく普通の少年が立っていた。

「普通の髪型にしたのをおばさんに見せに来てくれたんだね。素敵だよ、おばさん、うれしいよ、涙が出ちゃうよ」

実際、私は涙を流しながら、河童の頭、いや、若者をまた抱きしめた。

若者は顔を上げずにポツリとこういった。

「……オレ、ショックでよぉ、親にもいわれたことがないのに、山のおばさんに叱られたのがショックでよぉ……」

私は若者を茶店のベランダに休ませ、ジュースを出した。そして、

「この間は叱りつけるようにいって悪かったね、ごめんね、ずうっと気にしていたんだ」

と謝った。若者は私のいうことを相変わらず下を向きながら、ウンウンと頷くばかりだった。

しかし、私が改めて、

「今日は見違えるように格好いいよ、立派だよ」

というと、若者は頭をかいて照れた。口元から白い歯がこぼれた。

やがて、若者が帰るというので私は彼の肩を叩きながら、

「これからも頑張るんだよ」

と何度もいった。

若者は相変わらずウンウンと頷きながら、トボトボと和田峠のほうに歩いていった。だんだん若者の姿が小さくなっていく。私はずうっと見送った。たった一度だが、その若者が振り向いて、恥ずかしそうに小さく手を振ってくれた。

「頑張ってよぉ」

私は大きな声でそういった。やがて、その若者の姿が涙でにじんで見えなくなった。名も知らない若者と山のおばさんの出逢い。もう何年も前の思い出だけれど、私に

は忘れられない人生のひとコマなんだ。
今頃は、きっと頑張ってどこかで働いていることだろう。私は今でもそう思い続けている。

しみず・たつえ——一九二九年、神奈川県藤野町（現・相模原市）に生まれる。六六年から陣馬山山頂に清水茶屋を開く。仕事のかたわら茶屋から見える富士山にかかるさまざまな雲の絵を描き続け、個展も数回開催した。九四年に脳梗塞で倒れ、リハビリをした結果、再び絵筆を持てるように回復したが、二〇一〇年に死去。

冬に咲く花

奥秩父・甲武信小屋　山中徳治さん

冬に咲く花といっても、霧氷《むひょう》のことではない。霧氷は木々の枝を真っ白に染め上げるが、冬に咲く花は普通の花のように足元に見られる。なぜかどれもが、こんもりとふくらんだ雪を土台にしてその上にひっそりと咲いている。

私はひそかに「雪の花」と名づけた。雪の花の美しさは霧氷以上だ。そこにあるだけでも美しいのに、太陽の光線が差し込み逆光状態になると、花びらの一つひとつが浮き立ち、まるでダイヤモンドのように輝く。ダイヤモンドが大げさならば、少なくとも水晶の結晶のように見えるといってもいい。

この雪の花を知ったのは、今から五、六年ほども前のことだ。甲武信《こぶし》ヶ岳は例年、十月の下旬から十一月にかけて初雪が降るが、その年も十一月に初雪が降り、一帯が白く冬化粧をした。指折り数えてみると、私が小屋番になってから十年ほどもたってからのことである。

たまたま十文字小屋に行くために稜線を歩いているときだった。十文字小屋では私の両親が昭和二十七年から小屋番をしていて、かれこれ五十年近くなる。うちの山小屋から歩けば三時間ほどしかかからないのに、忙しくてめったに会いに行くことなどなかったが、その日はたまたま時間がとれ、両親の顔を見に行こうと思った。

ぶらりぶらりと稜線の雪道を歩いて、たまたま視線を足元に落とすと、雪の花が咲いていたのである。それを目にした途端、私は、

「あっ、きれいだ……」

と思わずつぶやいていた。そしていつも持ち歩いているカメラを向けるのも忘れ、しばらくその場に立ちつくしていた。実に美しい光景だった。

しかし同時に、どうして今までこの花の存在に気づかなかったのだろう、という悔しい気持ちにもなっていた。それというのも私は花が好きで、甲武信ヶ岳周辺にある花はだれにも負けないほど知っているつもりだったからだ。

実際、今まで山小屋にボッカをするたびに、どれだけ足元に咲く季節の花々を目にしてきたことだろう。そして、子供の頃からの趣味であるカメラを向け、何百枚、いや何千枚というスライド写真におさめてきた。そして、それらの写真を厳選しては、

山小屋の夕食のあとなどに映写して登山者に見てもらってきた。季節を外して花を見られなかった登山者には、なかなか好評であった。

それにしても甲武信ヶ岳は花が豊富な山である。まるで山の花のデパートといってもいいほどだ。五月中旬頃の雪解けとともに見られるセツブンソウを皮切りに、スミレ、ベニバナイチヤクソウ、そしてアズマシャクナゲなどが咲き始める。

梅雨の最盛期には山頂をピンク色に染める、小さくて愛らしいヒメイワカガミが咲き誇る。それは見事なものだ。梅雨の雨に打たれて花を上下させている様子は、まるで歌でも歌っているようで、こちらまで楽しくなってくる。梅雨どきの花ほど美しいものはないと思う。

そんな梅雨が終わると、今度はヤマハハコ、サラシナショウマ、ヤナギランなどが夏の日差しをいっぱいに受けていっせいに咲き始める。白とピンク系統の花が競いあい、まるで紅白歌合戦ならぬ紅白花合戦が繰り広げられる。そして、八月の終わり頃から紫色のトリカブトが随所に咲く。

トリカブトが花を落とす頃から山は秋の装いに入り、紅葉が始まる。モミジが赤く染まるのもたしかにきれいだが、ブナ、ダケカンバ、カラマツが黄色に染まるのも美しい。

簡単に紹介しても、これだけの花々が見られる山なのである。私自身、花の名前を暗記しているだけでも百種類はいえるが、実際には二百種類くらいはこの山にあるのではないだろうか。とりわけ、毛木平《もうきだいら》周辺から千曲川《ちくま》源流にかけてが花街道といえる。きっと、水が豊富なことと南斜面で日当たりがよいために、さまざまな植物が次々と咲くのだろう。そんな登山道を、仕事とはいえ歩けるのは小屋番冥利《みょうり》につきるといっていい。まして冬に雪の花まで見られるのだから……。

とはいっても、小屋番を始めた十六年ほど前は決してそんな楽しい気分ではいられなかった。私は山小屋を経営している両親の間で長男として育ってきたわけだが、実をいうと、山小屋は継がないだろうと思っていた。なぜかといえば、物心がついた頃から両親はいつも山小屋に入るために留守をしていて、私は取り残された気持ちになっていたからだった。親戚の人などによると、私はいつも母を恋しがり、泣いてばかりいたという。

心のどこかで山小屋を嫌っていたのかもしれない。そのためか私は学校を出たあと、山小屋の手伝いなどをせずに、東京の親戚が経営する八百屋に勤めに出たものである。八百屋で四年ほど働いて家に戻ってきたが、その後もやはり、山小屋の手伝いはしようとせずに秩父市内にある自動車部品を作る会社に勤めた。そして、油まみれになりながら山とは一歩も二歩も間を置いていた。

しかし、そうはいってもやはり山小屋のせがれである。ときどきよんどころない事情ができて、両親のいる山小屋に行かなければならないことがあった。例えば、村のなかで急な葬式がでたときなどだ。無線が通じればいいが、定時の交信のあとに用件が発生したりすると、通信が不可能なので私が自ら夜中に懐中電灯をつけて、山小屋に向かわなければならなかった。翌日の交信では間に合わず、葬式に出られないからだ。

まだ二十歳そこその私には、懐中電灯を通して見える木の根っ子が無気味な生き物に見えたり、足元から突如として山鳥がバタバタと飛び上がったりするのが怖かった。途端に歯を食いしばりながら全速力で駆け出したりした。そんなときに限って転んではあちこちひどく打ちつける。しかし、怖いのは少しも変わらない。後ろを見ながら足を引きずり、走り続ける。その情けなさといったらなかった。つくづく山小屋は継げないと内心思っていたものである。

三十三歳の頃だった。父親が十文字小屋を母親に任せ、甲武信小屋の経営を開始した。当然、ひとりではできないので私が手伝うはめになった。そのため平日は会社で自動車の部品を作り、土日は山小屋に入るという二足わらじの生活を繰り返すことになった。今、考えると、父親は初めから私にこの山小屋をやらせようという考えだったようだ。しかし、私は手伝いはするが、後継者になる気持ちはなかったので、まだまだ軽い気持ちだった。

父親の手伝いをする一方、暇なときは山頂から見える富士山や、目についた花などを気ままに撮影したりしていた。アルバイトに毛の生えたようなものだった。内心、将来はカメラマンになりたいという気持ちもあったので、ときどき山小屋にやってくる山岳写真家たちに会えるのが楽しみだった。そして彼らのあとをついて写真の撮り方などを盗み見たりもした。おおいに参考になったものである。

そうこうしているうちに三年ほど過ぎていた。気がついてみると、会社に専念するどころか、毎週土曜日に休むために会社にいづらくなる状況になり、辞表を出すことになってしまった。そして、意に反して結局は、本格的に山小屋を任されるようになっていたのである。

(女房、子供を抱えて山小屋なんかで暮らしていけるのだろうか……)

そんな不安にかられたが、すでに父親は十文字小屋に戻り、残ったのは私ひとりだけだった。私は、とんでもないことになったぞと思い、山小屋を見上げて頭を抱えたものだ。

しかし、それからが大変だったのはいうまでもない。今にして思うと、約十年間というものは、ただがむしゃらに働いてきたように思う。少しでも登山者を増やそうと、さまざまなイベントを考えた。

幸い、甲武信ヶ岳は、千曲川、富士川、そして荒川の源流部に当たっていて水が豊富である。夏、それらの水を使ってそばを打って振る舞ったり、あるいは水の違いを試してみる水利き大会をしてみたりした。同じ山から出ている水なのに、それぞれ甘い感じがしたり、苦い感じがしたりするから不思議だ。

これら以外にも、富士山や花のスライド映写会や山の歌の合唱会なども行ったりした。とにかく毎日が多忙だった。時として気に入らない登山者がいると、あと先も考えずに怒鳴《どな》り散らし、反省したことが何度もある。私もまだ若かった。

一日のなかでホッとできたのは、家族との交信だった。今でこそ長女が看護学校の三年生、末っ子が中学二年生と大きくなっているが、当時はまだ小さかった。私が子供の頃に味わったような孤独感を少しでも味わわせないために、交信時には子供に代わるがわるマイクの前に出てもらって話をしたものである。それが何年続いただろう。もっとも年々子供たちのほうから親離れしていき、マイクに出てくる機会が少なくなったが。

こうして十年はあっという間に過ぎ去った。ようやく山小屋の仕事にも慣れてきていた。それまで自分のことだけで精いっぱいだったのに、十文字小屋の両親のことを気遣うようになっていた。十文字小屋方面から来る登山者に両親の様子を尋ねたりした。

そんな頃である、雪の花を初めて見たのは。登山者を送り出したあと、山小屋の玄関前でぼんやりしていると、今日こそは両親のところに行ってみようと思った。おそらく両親ということではなく、山小屋の大先輩として敬意を払いたくなったのかもしれない。

気温はマイナス五度ほどと低いが、日差しがあり、好天気だった。一面初雪で銀世界になっている。ふと見ると、岩の上にかぶさった雪が太陽の光を浴びて輝いていた。まるで花だ。近づくと、雪の上に氷のような小さな結晶がいくつも並び、花びらのように見える。

指を触れると、氷の結晶はすうっと消えた。周りを見ると、岩の上に降り積もった雪の上はどれもが同じように太陽の光を浴びて、輝いている。平らなところの雪の上も光り輝いているが、岩の上の部分がカーブを描いている分、それだけひと株の花のように見える。冬なのにまるでお花畑にいるような気持ちだった。
今年も雪の花が見られる季節が近づいてきた。今から楽しみでならない。

やまなか・とくはる——一九五〇年、埼玉県大滝村（現・秩父市）に生まれる。父は同じ奥秩父にある十文字小屋主人の山中邦治氏。三十三歳から甲武信小屋の小屋番になったが、それまでは秩父市内で自動車の部品を作る会社に勤めるサラリーマンをしていた。山小屋には真冬を外して年間二百日ほど入る。

雷親爺

南八ヶ岳・硫黄岳山荘　浦野栄作さん

フッと気がついた。地面にうつ伏せになっていた。頬が冷たかった。何でこんなところに寝ているんだ……。焼酎を飲みすぎて道路に寝ているのだろうか。また、女房に叱られるぞ。

一瞬、何が何だかわからなかった。

そのとき、視界の片隅で何かがゆっくりと動くのが見えた。見るともなく、見ると、黒い犬が口から血を出して、スローモーションのように倒れていくのが見えた。見覚えのある犬で私が飼っているメス犬の遊び相手だった。

うちの犬はどこへ行ったんだろう、とぼんやり思うと、遠くのほうからキャイン、キャインと声を上げながらさらに遠くへ逃げていく声が聞こえ、やがて消えた。

（いったい何が起きたというんだ……）

下半身がなぜかビリビリとしびれていた。

「おい、栄作、大丈夫か、お前……」

突然、頭の上のほうでそういう声が聞こえた。兄貴だった。見ると、兄貴も倒れながらこちらを見ていた。真っ青な顔に土をいっぱいくっつけていた。

その横では仕事仲間の棟梁も倒れていた。同じように真っ青な顔をしていた。私は死んでいるのかと思った。しかし、いったいどうしたのか少しもわからなかった。

「おい、大丈夫だけど、いったい何があったずら……」と私。

「雷にやられたんだ、雷に」

「えっ、雷にかよ？」

「そうだ。あのエンジンに落ちたんだよ、エンジンに、たぶん……」

エンジンを見ると、半壊してモヤモヤと煙を上げていた。シュー、シューと音を立てている情けない姿になっていた。それも五メートルほど先だった。

エンジンは二百メートル下にある沢筋から材木をワイヤーで引き上げるための大型の物だった。

思い出した。それまで私たちは材木を切って薪《まき》を作っていたのだ。

場所は硫黄岳の東斜面にある北沢の少し上。私たちが製材所と呼んでいるところだった。山小屋からお花畑を経由して一キロほど下ったところにあり、山小屋を改築したときに製材作業をした場所である。

そうだ、二時頃、雨が降り始め、雷が鳴ってきたのだ。だから数人いた学生アルバイトに道具を持たせ、小屋に帰したのだった。二度ほど大きな雷が鳴っていた。意外と近いと思ったが、それほど怖くはなかった。待っていれば、過ぎていくと高をくっていた。なれっこだった。ただ、学生アルバイトのことが気になった。無事に帰っただろうか。

雨が急激に降ってきたのである。困った。エンジンに雨がかかったら故障すると思い、私たち三人で頭の上に大きな青いビニールを広げ、それをまるでタープのようにしてエンジンとともに雨宿りをした。

「アルバイトの連中、濡れて悪いことをしたな……」

「もっと早く帰せばよかったずら」

などといっていた。犬が二匹、のんびりとあくびなどをしながらビニールの下に入って雨宿りをしている。ときどきじゃれあったりしている。次に何が起きるか予測もつかずに。

ドドーン……。

次の瞬間である、大音響がしたのは。地響きがして爆弾が破裂したのかと思うような音だった。

（……………）

そこまで覚えているが、しかし、その後がさっぱり記憶にない。数秒か数分か数十分か、いずれにしろ不気味な空白がある。そして、気がついたら、雨も止《や》み、なぜか、エンジンから五メートルも離れたところで三人とも倒れていたというわけである。

エンジンは固定されているので位置は変わっていない。まさか三人が三人とも五メートルも吹っ飛ばされたとでもいうのではないだろうな。

やがて、棟梁もうめき声を上げながら気がついたようだ。

「大丈夫か、雷にやられたようだ」

と私がいうと、棟梁は、

「それでか、何だか下半身がビリビリするんだ」と股のところをさすりながらいった。

「おれもだ」と兄貴もポツリといった。

「何だ、みんなしびれているのか、やっぱり雷は電気なんだな……」

と私がいうと、一瞬おかしかったが、

「死ななくてよかったやい」

と兄貴がポツリという。

「本当だよ」

棟梁がしみじみいった。

全員が黙りこくった。

足が何となく妙な感じだった。ムズムズするのが気持ち悪かった。不思議に思ってズボンをめくると、スネ毛が全部ちりちりと縮れ毛になっていた。そればかりでなく、火傷《やけど》をしたあとのような水泡がびっしりとできていた。

一瞬、恐ろしさのあまり体が固まった。兄貴も棟梁も同じようにズボンをめくるのが見えた。やはり毛がちりちりに縮れ、水泡がびっしりとできていた。そのとき、改めて雷に打たれ、火傷を負ったということがわかったのだ。

しかし、驚くことはそればかりではなかった。それからしばらくして立ち上がり、周辺を見たが、次々と異様なことばかりが判明した。

まず、足元に落ちていた鋸《のこぎり》だ。刃の先すべてが水滴がついているように丸くなっていた。三人で顔を見合わせてしまった。強い電流を受けて溶けたのだとわかると、思わず身震いした。木を伐るために一生懸命に研いだするどい鋸の刃だったが、雷にはひとたまりもなかったのだ。いったい雷の奴というのはどれほどのボルテージなのか。

足に何かが当たる。もぐらが穴を掘ったようにあちこちで土が盛り上がり、粉々になったダケカンバの葉が落ちていた。雷が地面を通って抜けていった跡だろうか。

そのとき、見上げて驚いたのは、ダケカンバの葉が全部、葉脈だけになっていたことだ。おそらく、土が爆発的に飛んで葉に当たり、固い葉脈だけが残ったのだろう。ツンとガソリンの匂いがした。見ると、エンジン用のガソリンタンクが溶けていた。よく爆発しなかったものである。爆発していたら今頃どうなっていたことだろう。想像するだけで寒気がした。

しかし、一番驚いたのは、三十メートルほど下ったところにあるダケカンバの皮がごっそり剝《は》げ落ちていたことだ。皮は粉々になり、辺り一面に吹っ飛んでいた。その木にはワイヤーを中継する滑車を固定していた。もし、ワイヤーにわれわれが触れていたら、即死はまぬがれなかっただろう。

同時にワイヤーがあったからこそ、避雷針のようになり、エンジンに落ちた雷が谷底に流れていったこともわかった。

命拾いとはこういうことをいうのではないか。

しばらくして力を振り絞って山小屋に戻った。途中で学生アルバイトが倒れている様子もなく、無事に戻ったことがわかると、ホッとして小屋に倒れ込むようだった。

「どうしたのお父さん、顔が泥だらけで真っ青だよ」

山小屋で留守番をしていた女房の久子が驚いて声をかけてきた。

学生アルバイトたちも駆け寄ってきた。

「大丈夫すか」

「か、雷が落ちたんだ……」

といった。が、

「そんな馬鹿な……」

そういってだれも本気にしない。笑っているアルバイトさえいる。仕方なく三人が無言でズボンをまくってみせると、初めてわかったらしく女房が「あら、大変だ」といい、火傷の薬を懸命に塗ってくれた。そして、薬を塗りながら「お盆の日は働くものじゃないというけど、本当だねぇ」とひとり言をいうのだった。

そんなとき、遠くからうちの犬の吠え声が聞こえてきた。元気そうな声だった。

「あいつ、生きていたんだ……」

私は思わず叫んでいた。

「よかったぁ……」

と女房も安心したようだ。

アルバイトのひとりがいった。

「もしかして、雷に当たって全身の毛がちりちりになっていたりして……」

みんなが吹き出したが、私は、

「笑いごっちゃない、そうなったら、死んでいる。縁起でもねえことをいうな、馬鹿野郎」と思わず怒鳴《どな》ってしまった。

「おお、こわ」

アルバイトがそういうと、みんなで笑い出した。小屋に入ってきた犬の毛は何ともなく、元気そのものだった。

忘れもしない今から三十五年も前の八月十四日の出来事である。私がまだ三十三歳のときのことだ。

そのときから私についた仇名《あだな》がなぜか雷親爺《おやじ》である。まだ若いのにである。雷に当たったせいか、あるいは怒鳴ったせいかはわからないが、何とも妙な仇名がついたものである。

しかし、ここだけの話、雷に当たって以来、私は少し変わったような気がする。なぜだかよくわからないが、思ったこと考えたことが順調に運ぶようになったのである。絶滅寸前のコマクサを守ろうと思い、大切にしてきたら、今は充分に成長してくれた。

温泉つきの山小屋を経営したいと思っていたら、幸い手に入り、営業もできた。順調にいっている。

雷もそうだ。以前、ジョウゴ沢を登っていると、雷が鳴っていて、ふと、このまま歩いていたら、なぜか落ちるという予感を感じた。だから、遠回りになるが、硫黄岳の頂上を踏んで山小屋に行ったことがある。すると、近くで雷が落ちた音がした。振り返ると、森のなかから白い煙が上がっていた。

翌日、山小屋の帰りにジョウゴ沢を下りると、登山道に雷が落ちた真新しい跡があった。煙が上がっていた場所である。あのとき、道を変えずにそのまま歩いていたら、今頃は生きていなかっただろうと思う。雷親爺にますます磨きがかかったようだ。

うらの・えいさく――一九三二年、長野県茅野市に生まれる。父、浦野銀次郎氏が営んでいた硫黄岳石室（硫黄岳山荘の前身）を手伝っていたが、五九年、銀次郎氏の死去に伴い、弱冠二十七歳で山小屋の主人となる。以来、雪や台風で小屋を何度もつぶされたが、そのつど建て直し、約四十年間の小屋番人生を送ってきた。現在、硫黄岳山荘のほか根石岳山荘、夏沢鉱泉の経営を息子の岳孝氏に任せ、山を下りている。

木流し

北アルプス・嘉門次小屋　上條輝夫さん

「さて、そろそろやろうか。昼も過ぎ、川の水もぬるくなっているはずだから。手伝いは三人いればいいぞ……」

私はそういうと、囲炉裏《いろり》の灰に火箸《ひばし》を刺した。そして立ち上がってズボンのベルトを締め直した。それまで小屋の隅で本を読んだり、居眠りをしていた五人の居候《いそうろう》たちが顔を見合わせた。

彼らは、「今年もやってきました、夏の終わりの風物詩」だとか「さぁ、今年はだれが水もしたたるいい男になるか」などといい、ジャンケンを始めた。

ジャンケンといっても、けっこう真剣だ。手を合わせて祈る者もいれば、拳《こぶし》に息をかけておまじないをする者もいる。結局、二人勝って、三人が負けた。勝った二人は小屋の床が抜けるかと思うほど大喜びをし、負けた三人は肩を落とした。

私は笑いながらいった。

「勝ったからって怠けているんじゃないぞ。帰ってくるまで風呂と酒を熱くして待っていてくれよ。木流しのあとはそれしか楽しみがないんだからな」

「任せてくださいよ、風呂も酒もチンチンに熱くして待っていますから」

難を逃れた居候がいった。

「本当だぜ、ぬるかったらただじゃすまないぞ。川に落とすからな」

そういったのは、負け組の居候だった。大笑いになった。しかし、倉庫から道具のトビを出し、「けがをしないように気をつけてな」といいながら渡すと、居候たちの表情が引き締まった。

私は現場に向かいながら居候たちに配置を指示した。一人は、明神池から梓川《あずさ》に流れ込む宮川《みやがわ》の前。流れてきた丸太を拾う役目だった。ほかの二人は梓川の上流に立ち、逆に丸太を流す作業をする。そして私は、梓川と宮川の合流地点で上流から流されてきた丸太を宮川に流す役目である。

流す丸太はすでに河原に用意してあり、上流の二人が梓川に落とせばよいだけになっている。その量は約三十本。もちろん、勝手に用意できるわけではない。あらかじめ地元の営林署に払い下げをしてもらっていた。丸太のほとんどはシラカバ、ハンノキ、ニレ、そしてヤナギなどだった。いずれも、上流から河原に流れ着いた流木や立ち枯れた木だった。

払い下げは営林署（現・森林管理署）の係員がやってきて一本一本刻印した。金鎚《かなづち》のような刻印で印をつけていくのである。刻印された木だけを、私たちが鋸で伐って丸太にできた。もちろん料金もかかる。全部で五百円ほどだったように記憶している。

「大将、流しますよぉ、いいすかぁ」

見ると、上流にいた二人の居候たちが手を挙げてこちらを見ている。いよいよ木流しの始まりだ。

「おう、いいぞ、早く流してくれ」

私も手を振りながら大きな声で合図をした。それから宮川で待機している居候にも、「始めるぞ」と叫んだ。

「任せてください」

やはり大きな声が返ってきた。

直径五十センチほどの丸太が二人に抱えられ、川に流されるのが見えた。水しぶきが上がった。そして、次から次へと流された。二人とも腰まで水につかりながら作業をしていた。

一度水面に消えた丸太が浮かび上がって、ゆっくりと私のほうに流れてきた。川に手を入れてみた。日が当たっているといっても、手が切れるように冷たい。六度ほどしかない。まだ九月に入ったばかりというのに梓川の水は冬の水のように冷たい。私は腹をくくり、深呼吸をした。そして服、地下足袋のまま川に飛び込んだ。水の深さは胸まである。とたんに冷水で全身がしびれた。

しかし、寒いなどとはいっていられない。まだ上高地に道路が造られていなかった当時のことである。丸太を車で運べないので、川に流すしか方法がなかったのである。流れてきた丸太を一本ずつトビで受け止め、宮川のほうに押し込んだ。宮川は支流のためにほとんど流れがなかった。一本ずつ居候がトビで引っ張っていき、河原に運び上げる。土手の上から作業ができるが、沈む木もあるので川に飛び込まなければならなかった。

上流からの丸太は、かならずしも行儀よく流れてくるとは限らなかった。気まぐれな川の流れによって何本も同時に来ることがある。そんなときは要注意だ。あわてて宮川に押し込もうとすると、滑って転んで全身川に潜ってしまう。うまく丸太を流し込めればいいが、トビから外れて水流にのってどんどん下流へ流れていってしまう丸太も出てくる。放っておくと、河童橋まで流されていってしまう。流れていくだけならいいが、激突して橋を壊さないとも限らない。

「上高地の主、上條嘉門次《かもんじ》の曾孫《ひまご》、薪《まき》材の丸太を流し、失敗し、河童橋を壊す」などという見出しの新聞記事が頭をよぎる。よけい焦ってしまう。先祖の顔に泥を塗ってしまう。そうなったら大変だ。追いかけようと急ぐと、水流に足を取られてバランスを崩し、また転んだ。焦れば焦るほど何度も転んだ。

「木を流すな」

私は上流の居候に向かって大声で怒鳴《どな》った。次から次へと流れてくる丸太を押さえながら、宮川で材木を上げている居候を呼んだ。急を聞きつけて、駆け足でやってきた。そして川に飛び込み、代わりに丸太を押さえてくれた。

今度は私が川から上がり、丸太を追いかけるために土手を走る。すれ違った登山者がびっくりした表情で登山道から飛びのいた。それもそのはず、髪が額にべったりつき、トビを持った全身ずぶ濡れの河童のようだったからだ。

しかし、登山者の目など気にしている余裕はなかった。とにかく押さえ込まないといけないのだ。丸太めがけて私はまた川に飛び込んだ。そして、丸太にトビを引っ掛けて川のなかを上っていく。しかし、それもつかの間、川は真んなかが深くなっていて、私の体が埋没するほど深くなり、転んでしまった。見ると、せっかくとらえた丸太が再び流れていった。そのときの情けない気持ちといったらなかった。そんなときに限って、喉から手が出るほど釣りたい大きなイワナがさっと横切っていったりする。

木流しほどつらいものはないと思った。曾《そう》祖父の嘉門次は有名だが、何でこんなところに山小屋を造ったのだろう、と恨《うら》まずにはいられなかった。しかし、愚痴《ぐち》をいっても始まらない。山小屋を維持する以上は、我慢強く作業を続けることしか方法はないのである。それからも何度も川に飛び込んだり土手を走ったりと、同じことを繰り返した。そんなことを二時間ほどもやると、ようやく作業が終わった。

すっかり体が冷えていた。居候たちも歯の根も合わないほど震えている。唇は紫色に変わっているほどだ。一刻も早く風呂に入りたかった。歩きながら、服を脱いだ。そして、小屋の前に来ると、下履きひとつになり、そのまま居候が沸かしてくれた風呂に飛び込む。

(……………!)

入ったときの気持ちよさは、木流しを経験した者でなければわからないだろう。もっとも、冷たい水に出たり入ったりしたために脂っ気がすっかり落ちて、踵がアカギレになっていた。風呂で温まるうちに感覚が戻り、染《し》みて「いてっ」と思わず声が出るほどだ。しかし、風呂から出て熱燗《あつかん》を飲むと、五臓六腑に染みわたり、その旨さにアカギレのつらさも忘れてしまえる。これが楽しみで木流しをやっていたのではと思うほどだ。

十月になった。登山者だけでなく、居候たちもいなくなり、私ひとりで山小屋にいるようになった。やることはといえば、木流しで運んだ木を鋸で切っては、軒下に積むことだ。あとは時間を見つけて梓川の上流などに行っては、イワナを釣ることが日課となった。

釣りに行くとき、私はいつも小屋に「釣りをしに出かけています、留守にします」という書き置きを残して出かける。今は禁漁になっているが、当時は一度出かけると、三時間ほどは帰ってこない。そして、梓川の上流周辺で三十尾ほど釣ってくる。

そんなある日のことだ。イワナを釣って小屋に戻ってくると、初老の人がひとりで待っていた。初めて会った人だが、目が合うと、「どうですか、釣れましたか」と訊き、びくをのぞいた。そして、「大漁ですね」といった。

「以前からあなたのお父さんやおじいさんが焼いてくれたイワナを食べてきたものです。ここのイワナの味を忘れられなくてまた来てしまいました」

「それはそれは……。今すぐ焼きますから」

とはいっても、今から火をおこすので一時間はかかる。

「すぐにはできないですよ、これから火をおこしますので……」

男の人は、顔の前で軽く手を振りながら、

「いいですとも、ここのイワナを食べられるのなら何時間でも待ちます」

その人は私が釣りに出たあとすぐに来たらしく、三時間近く周辺を散策していたという。急いでダケカンバの木の皮を焚《た》きつけに使い、その上に木のくずを置いた。めらめらと火が上がる。それが済むと、大きな木を置く。木流しで運んできた木である。

そのときに使った木はヤナギだった。燃やしてみて初めてわかったのだが、ヤナギは薪としては上等ではなかった。火力も弱いし、火持ちも悪い。そればかりか燃えると、綿のような木埃《きぼこり》がやたらと出た。目の前が見えないほどである。そのうちおさまるだろうと思いながら、なおも続けた。イワナを早く焼いてあげたいがためだった。

しかし、イワナが焼き上がり、差し出すと、周りは灰神楽《はいかぐら》で真っ白になっていた。初老の人にいたっては、全身雪だるまのように真っ白になっていた。

「いやぁ、すみません」

しかし、その人は落ち着いたもので、

「かまいません、囲炉裏らしくていいですな」といった。そして微笑《ほほえ》みながら、焼きたてのイワナを肴《さかな》に日本酒を口にした。

「うん、これこれ、この味ですよ」

目を細め、うまそうに食べた。私のほうが思わず生唾《なまつば》を飲み込みそうになるほどだ。食べ終えると、やがてその人は上高地のほうに歩いていった。ときおり振り返っては、私に手を振ってくれた。

昭和四十年、私が嘉門次小屋に入って二年目のことだ。木流しは厳しい仕事だが、その木で焼いたイワナを美味しそうに食べてくれる人がいるとわかると、木流しもいいものだと思えた。

（来年もがんばろう……）

小さくなっていくその人の後ろ姿を見ながら、私はそうつぶやいた。

かみじょう・てるお——W・ウェストンなど有名登山家を日本の登山黎明期に北アルプスに案内した名ガイド、上條嘉門次の曾孫として一九四三年、長野県安曇村（現・松本市）の島々に生まれる。高校卒業後、八方山荘、西穂山荘などで小屋番の修業をし、六三年から弱冠二十歳で嘉門次小屋（創業一八八〇年）四代目主人になる。今年で小屋番生活五十七周年を迎える。

雪下ろし

南アルプス・塩見小屋　河村正博さん

山小屋も人間と同じで、喜ぶときがある。私には肌でそれを感じることがあるといったらどう思うだろう。きっと変なことをいいだしたな、と思うに違いない。たしかに妙だ。しかし、私には山小屋がほんのつかの間だが、無性《むしょう》にうれしがっていると感じるときがある。

いつ頃からそれに気がついたかといえば、はっきりしたことは覚えていないが、この十年ほど前からである。山小屋の前に立っていると、

（ああ、山小屋が喜んでくれている）

と思うときがある。それを感じた途端、それまであったいろいろな苦労は雲散霧消し、幸福な気持ちになれる。

そんな山小屋の喜びの声を聞けるのは、毎年、春、ゴールデンウイークの頃である。

その頃になると、私は、長年連れ添ってきた家内の純子やアルバイトを連れて、塩見岳にある山小屋の雪下ろしをするために山に入る。いつも総勢五人ほどだ。入山期間は一週間から、時によっては十日ほどである。

ほかの山小屋はその頃、春山シーズンで書き入れどきだが、標高二七六〇メートルにあるうちの山小屋は、まだ雪に埋もれて営業どころではない。ひたすら夏山シーズンに向けて雪掻《か》きをしなければならない。なにせ例年七メートルもの積雪があり、南アルプスのなかでも三本指に入る豪雪地帯である。ゴールデンウイークあたりから雪掻きをして風通しをよくしておかないと、夏山シーズンも山小屋が雪のなかということになる。

しかし、本当に大変なのは、雪掻き以上に、山小屋に行き着くまでの過程だ。長谷《はせ》村（現・伊那市）にある自宅から車に乗って四十分ほど林道を上がっていき、それから樹林帯の道を塩見岳の稜線を目指して登る。

その頃、ゴールデンウイークの頃は、山麓はまだ雪があってラッセルをしてもなかなか進まない。最低でも途中でテントを張って一泊することになる。いつだったかは雪が多すぎて、少し進んでは泊まるということを繰り返して四泊もしたことがあった。夏ならたったの六時間しかかからないコースだというのにである。そして、ぼろ雑巾《ぞうきん》のようにくたびれて稜線にたどり着いた。

稜線に立って、雪の様子をうかがう。正月に一度、点検がてら見に来ているが、その頃の積雪はそれほどでもない。塩見岳一帯は、二月から三月にかけて大量に雪が降る。近づこうにも近づけないほどだ。雪下ろしのために久々に上がってみると、いつの間にか七メートルもの雪が積もり、山小屋が雪のなかに埋まっているということになる。三十五歳のときこの塩見小屋を造って、翌年見に来たときは、将来やっていけるのだろうかと真剣に悩んだほどである。

山小屋を造ってから二十五年もたった今は、積雪の量にそれほど驚かないが、年を重ねた分、肉体労働が大変と思うのが先にたっている。正直いって大変だ。しかし、雪下ろしをしなければならない。しないと山小屋がつぶれてしまう。

しょっぱなにやることは、山小屋は雪で埋まっているから入れないのでテントを張り、寝床を作ることだ。小屋主の自分が山小屋に入れないという、なんとも情けない状態に思わず笑ってしまう。それから雪下ろしの開始だ。

雪下ろしをするといっても、屋根の雪を下ろすのではない。よく豪雪地帯の村落では屋根に積もった雪を投げ下ろすシーンが映し出されるが、ここは小屋全体が埋没している。普通の雪下ろしではないのである。雪を掘っていくから、雪掘りといったほうが適切だ。

積雪七メートルなら、建物が二メートルくらいだから屋根の上に五メートルも雪が積もっていることになる。とりあえず足元の雪を掘り下げていく。そうやって屋根が出るまで掘るかというと、そうではない。それから掘るのは、屋根の雪より、屋根の周りの雪を城のお堀のように四角く切っていくことである。

なぜそうするかというと、小屋が雪でつぶされるということに関係している。普通、小屋が雪でつぶれるというと、上に積もった雪が重いからと思いがちだ。たしかに雪の重さは一立方メートル三百キロといわれている。屋根の上に五メートルも積もっていれば、その重さでつぶされることが容易に想像される。しかし、山小屋を補強すればかなりの重さにも耐えられる。うちの山小屋は二棟あり、ひとつは十二畳ほどの小さな小屋だが、毎年、小屋閉めのとき、五十本ほどの鉄パイプを立てて補強している。そうやって補強しているので雪の重みでつぶれることはまずない。

山小屋がつぶれるのは、雪の重みより、雪が解けるとき斜めや下に引っ張る力が強く働くからといわれている。簡単にいえば、小屋にかぶさった雪が解けるときに山小屋を引きずるためにつぶれるのである。それは樹木にも同じことがいえる。樹木の周りにある雪が解けるとき、枝を抱き込んで落ちていくので、ずるずると枝や皮が剝《は》がれ落ちていくのである。

あるいは、パイプでできたガードレール。あれもよく見れば春になると、真んなかがへこんでいる。雪の重さで曲がったのではなく、雪が解けるときに引っ張った力で曲がるのである。横あるいは斜めに引っ張る力があるので変形するわけだ。だから山小屋の上にある雪より、横にある雪を取ってやるのが先決なのである。そうすると、力が削除されてつぶれなくなる。

しかし、雪下ろしをするといってもそう簡単にはいかない。春の雪の表面は固い。スコップに乗っかってジャンプしないと先が突き刺さらないほどだ。一時間ほどもやるだけで汗が吹き出る。おまけに春の日差しは雪に反射してことのほか強い。上からも下からも斜めからも雪に反射して日焼けする。耳の穴まで日焼けするほどだ。まだ若かったとき、上半身裸でやり、皮膚が真っ赤になったことがあった。夜、それが水ぶくれになり、腕を曲げようものなら水ぶくれが破れてしまうほどだった。

顔にタオルなどを巻いて完全防御で掘り進める。面白いのは、掘り進んでいくと、毎年、雪のなかに黄色い層が出てくることだ。多いときは三層ほどできていることもある。五月に入って、モンゴルや中国東北部で空に上がった黄砂《こうさ》が遠路はるばるここまで飛んでくるのである。それが塩見岳に降った春の雪と黄砂のサンドイッチになるのである。

飛んでくるといえば、九一年（平成三）、真冬の雪の層が黄色ではなく、黒い層になったことがあった。何だろうと臭いをかぐと、硝煙《しょうえん》の臭《にお》いがした。はじめ排気ガスを含んだ大気かと思ったが、あの頃、世界的な事件は湾岸戦争だった。派手に行なわれたあの湾岸戦争で大気中に流されたものが、黄砂のように流されてきたと想像した。あれから二度と同じように雪が黒くならないから、あれは湾岸戦争の忘れ物だと今では確信している。地球の自転の関係で、一日半もあれば中近東のものでも運ばれてくるとだれかがいっていたが、本当だと思う。


二日目あたりから、山小屋の周りを一メートル幅ほどで城のお堀のように掘り進んでいった。三日目で四メートルほど掘り下げた。上からのぞくと意外と深い。落ちたらけがだけではすまない深さだ。後ろに積み上げた雪のブロックが山のようになっている。よくもまぁ掘ったものだと自分でも感心する。

それをさらにアルバイトが少しずつ運んで、違う場所に捨てる。これをやらなければ雪下ろしは進まないのだが、なんだか無駄なことをしているように思われる。まるで、ギリシャ神話に出てくる、たえず転がり落ちる岩を山頂にまた運び上げるシジフォスのようだ。思わずため息が出てしまうこともある。しかし、続けなければならない。

四日目でお堀の深さが五メートルになった。本当に深い。屋根の一部が出てきた。その下に四寸角の梁《はり》があるが、軽く曲がり、お辞儀をしているようだ。雪の圧力で曲がったものだが、その曲がりは少しずつ元通りになり、夏山シーズンになるとピンと真っ直ぐになる。まるで登山者を迎えるように気をつけをしているようだ。梁ひとつでも木の強さ、ありがたみをつくづく感じ、「山小屋は木で造れ」といった山の大先輩のことを思い出す。

三十五歳の頃である。私は塩見岳に山小屋を造ろうとして、いろいろな人に相談した。ある人がいった。

「山小屋は木で造れ」

「鉄骨じゃ駄目ですか」

「ああ、駄目だ。鉄骨は曲がったらそのままだが、木は戻る性質があり、元の姿に復元する。傾いた山小屋もしゃんとする」

私は半信半疑のまま山小屋を木で造った。梁が戻る様子ひとつ見ても、木が生きていて山小屋を支えていることを知ると、木で山小屋を造ったことが正解だとつくづく思ったものだ。

六日目、お堀が六メートルの深さになり、屋根が周りの雪から完全に離される形になった。私は耳を澄ました。いよいよ山小屋の喜びの声が聞こえる頃になったからだった。

「ギシ、ギシ、ギシ……」

山小屋全体からそんな音が聞こえた。言葉にすれば、まるで山小屋が背伸びをするといったらよいだろうか。この音を聞くために雪下ろしをしてきたといってもいい。私には山小屋が、「雪をどかしてくれてありがとう」といっているように聞こえるのである。

（今年も聞けた……）

私は思わず手をとめる。内心ホッとするひとときだ。

「ほら、今年も気持ちよさそうにいっているぞ」

私は周りで雪掻きをしている仲間にいった。純子は笑いながらうなずくが、アルバイトは、キョトンとしている。首を傾《かし》げている。あまりわからないようだ。それもそのはず、ほんの一瞬であっという間に終わってしまうからだ。

しかし、私はうれしい。今年も山小屋が喜んでくれたと思えるからだ。つらかった雪下ろし、いや雪掘りもこれで峠を越したと思えるのである。そして、今年も無事に夏山シーズンを迎えられると実感する。

「ごはん、できたよ」

水作りから料理まで奮闘している食事担当の純子がいう。雪下ろしで唯一の楽しみ時間である食事だ。温かいご飯と味噌汁。真っ青な空を眺めながら食べる。雲上のレストラン。思わず白い歯がこぼれる。美しい自然に囲まれて食べるご飯の美味しさ。これ以上の至福のときがあるだろうか。

山小屋をやってきてよかったと、また思った。

かわむら・まさひろ――一九四一年、東京都杉並区に生まれる。高校時代から各地の山を歩き始める。なかでも南アルプスを広く歩き、二十四歳のときから池ノ沢小屋で約四年間アルバイトした。その後、千枚小屋、赤石小屋などで約五年間アルバイトをする。七六年、三十五歳のときに友人のすすめで塩見小屋を建設し、小屋番となる。現在は小河内岳避難小屋で小屋番をしている。

糞尿譚

丹沢・鍋割山荘　草野延孝さん

火野葦平の小説『糞尿譚』ではないけれど、一時期、ぼくは、黄金色した糞尿に押しつぶされる夢を何度も見たことがあった。首まで糞尿につかり、それがいつの間にか川のようになってどこまでも流されていく、という怖い夢だった。そして「もう駄目だ、沈むっ」と思ったとき、いつもハッと目が覚めた。いうまでもないけれど、何とも目覚めの悪い夢だった……。

なぜ、そんな夢を見るのだろうか。ほかでもない、山小屋の便所のことがずうっと気になっていたからだった。

ぼくがこの鍋割《なべわり》山荘を先代から受け継いで早いもので、今年、一九九八年（平成十）で二十二年目を迎え、二十三年目に入ろうとしている。当時、山小屋はプレハブのぼろぼろの山小屋で情けないくらいだった。しかし、何とかしようという気持ちが働き、今まで山小屋を何度も増改築したり、食事をよくしようといろいろな努力をしてきた。その結果、小屋も大きくなり、それなりに登山者も来てくれるようになった。けれど、いちばん遅れていたのが便所の対応だった。それまでは地面に穴を掘って便壺を作り、それが糞尿でいっぱいになると土で埋め、隣に穴を掘った。そして便所の建物を引きずってきてかぶせた。そんなことを繰り返してきた。実に原始的な方法だ。

でも、十年くらい前までは別にそれで問題はなかった。山ではぼっとん式便所が当たり前だったこともあるし、苦情をいう人もあまりいなかった。そればかりでなく、ぼっとん式便所だと土のなかのバクテリアが糞尿を分解してくれるので、山では最高の処理方法だということがわかっていたからだ。これは大学時代の先生もいっていたことだが、自分で実際に確認したことでもある。

いつだったか便壺が満杯になったので、新しい便所を造ろうとして少し離れた場所に穴を掘った。すると、土のなかから紙が出てきた。それでそこが以前の便壺だということがわかったが、糞尿がすっかり土化していたのを初めて見て驚いた。それもサラサラしたいい土だ。においもしない。改めて自然の偉大さを痛感したものである。

そういう訳でぼくはぼっとん式便所は感心こそすれ、これといって改革しようなどとは考えていなかったのである。

そんなぼくが山の上に水洗便所を造ろうと思い始めたのは、いろいろな理由からだ。まず清潔好きな中高年登山者が増えたことと、生まれながらにして水洗便所を使っている人が客として来るようになったことだ。便所から戻ってきた中高年登山者によく「汚い」、「臭い」、「不潔」という言葉を浴びせられた。そしてなかには「水洗にしなきゃ二度と来ないわよ」という人もいた。

もちろんそればかりではない。夏になると、ぼっとん式便所にはハエがわんさかとわく。便所の戸を開けるたびにハエの大合唱が繰り広げられる。ぼくはそのハエを駆除するために、液体の殺虫剤をまいた。しかし、実をいうと、その殺虫剤の行方が気になっていた。後ろめたくて、できれば環境に影響があると思われる殺虫剤は使いたくなかった。そして、どうしたらいいだろうかと考えているうちに、七、八年ほど前から水洗便所を造ることを考えるようになっていたのである。

しかし、考えれば考えるほど山での水洗便所の建設は難しい。第一、この山には肝心の水がない。湧水はあるが、年々細くなるばかりで、当てになるのは雨水だけである。その雨水だって確実に手に入るとは限らない。そんな山頂で水の確保はどうするのか……。たとえ水を確保しても冬は凍って使えないなど、頭が痛くなる難題がいくつも出てきた。

そんな折、同じ丹沢の大山をはじめ、いくつかの山の頂上に公共事業によって水洗トイレが造られ始めた。それも数千万円から億単位の金をかけた立派なトイレばかりである。ぼくは見学に行ったが、立派すぎてため息が出た。行政は無駄な道路やトンネルばかり造っているものと思っていたら、山の上に便所まで造っている。ぼくは首を傾《かし》げずにはいられなかったものだ。

そりゃ、自分の山小屋にも、登山者が喜ぶいいトイレは欲しい。しかし、一個人、しかも細々とやっている山小屋の主人にそれほどのものが造れるわけがない。どう逆立ちしても無理だ。

もっとも仮にぼくに大金があったとしても、ヘリコプターをガンガン飛ばし、山に住む動物たちをおびやかして造るようなものはお断りだ、絶対に。それがぼくの信条であり、荷物をボッカするときは一度もヘリコプターを使わず、自分の足で上げてきたのもそのためだ。山の自然は壊れやすいのである。山を下界と同じに考えてはならないのである。

では、どうしたら少ない予算で、しかも山に合った正当な水洗トイレが造れるのだろうか。

一九九三年（平成五）の夏、ぼくはひとりで山小屋の横に穴を掘り始めていた。夏は、一年のうちまとまった時間が取れるので、工事をするのには最適な時期である。

穴は横三メートル、縦四メートル、深さ三メートルの巨大なものである。用途はもちろん水洗便所用の便壺である。この穴に水で流された糞尿がたまる。土は粘土質の関東ローム層。糞尿はこの土に少しずつ染み込んでろ過されていくのである。そして少しずつ土に戻っていく。

穴を掘る気になったのは、山でも使える便器がようやく見つかったからだった。ちなみに普通の水洗便所で流す水の量は一回につき約十リットルだが、足を棒にして探した節水型の便器はわずか五百ミリリットル、二十分の一の水量ですむのだった。まさに山向けの便器である。ぼくはすぐさま購入した。そして、徹夜で設計図を引き、翌日には山に上がって穴を掘ったのである。

途中で、穴を掘ったものの穴が深すぎて、掘った土を放り投げられないということもあった。仕方なくバケツ一杯の土を階段を昇り降りしながらいちいち捨てた。少しもはかどらなかった。いつものことだが、改めてひとりの力の限界を感じたものだ。

その年は穴を掘るだけで工事は終わった。翌年の夏に便所の建物を造ったり、山小屋の屋根から便所に雨水を引くために樋《とい》を造ったりなどした。樋のジョイント部分には枯れ葉やゴミが入らないようにフィルター代わりにタオルを入れる工夫もした。われながらなかなかの出来ばえである。

それができた頃にいよいよタンクを運ぶことにした。雨樋から流れてきた雨水をためるプラスチック製のタンクである。容量は約一立方メートルで重さは約五十キロ。自慢ではないが、百キロの荷物を軽くボッカするぼくには大した重さではない。朝飯前の重さだ。しかし、タンクの大きさが縦約一メートル、横約一メートルほどもあり、やたらにかさばった。タンクに背負子をつけてみたら、背負子がまるでボールに止まったハエのように見えたほどだ。

思わず吹き出してしまったが、持ち上げて青ざめた。タンクがグラグラするだけでなく、後ろに引っ張られ、重心が取れないのである。仕方なく重心を取れるように歩いたら、まるで腰の曲がったじいさんのようになった。歩きながら、人にいえない苦労というのはこういうことなのだろうとひとりで考えて赤面した。

しかし、苦労はそればかりでは済まなかった。登山道の途中に崖《がけ》っぷちがあるが、風が吹いてバランスを崩して足を滑らしてしまったのである。思わず木につかまった。冷や汗が出た。転げ落ちてタンクの下敷きになっているところを想像し、「おれもウンの尽きか」と思ったほどだ。

幸いほんの少し滑っただけで済んだが、情けないといったらなかった。心底、タンクと心中しなくてよかったと思ったものだ。

体勢を整えると、今度は登山道から外れて斜面をトラバースして難所を乗り越えた。こうして苦労しながらミズヒの沢から一時間半もかけて担ぎ上げた。空身なら二十五分ほどで登れるところなのにである。やれやれといった感じだった。

いずれにしろ、これで材料がほとんど揃ったと思い、周りを見回したものだ。ところが、ふと見ると、なんと、昨年に苦労して掘った穴が崩れているではないか。ぼくはがっかりしながら、ウンに本当に見放されていると思った。

「ああ、情けなかとね……」

ぼくは思わず生まれ故郷の長崎弁で叫んだ。しかし、嘆いてもだれがやってくれるわけでもない。スコップでひとり、またコツコツと掘り始めたのはいうまでもない。

工事を開始してから三年目の九五年（平成七）九月、水洗便所はようやく完成した。便器は三つ。コックをひねるとタンクにたまった水がジャーッと流れてくる。さらにその水が足元の穴に水琴窟のように流れていく音が聞こえる。初めてその音を耳にしたときはどんなに喜んだことだろう。ひとり腕を組みながらにんまりしたものだ。

山小屋へ荷上げをする草野延孝さん。ときには100キロを超えることもあり、今まで軽く5000回はこうして登っているという。

臭気抜きもついている。スイッチが入ると、小さな換気扇が回る仕組みだ。電源は山ならではの太陽電池である。費用は十四万円のタンクをはじめ、便器、建材などしめて百二十万円かかった。ぼくにとっては目の玉が飛び出るほどの大きな出費だ。当分、小遣いは出ない。しかし、行政が造る数千万円単位の高額な便所に比べればウン泥の差の金額でできたといってよいだろう。

登山者にもなかなか好評だ。臭くなくていいと喜んでくれる人がほとんどだ。ぼくも長年の宿題が解決したようで、うれしくてならない。なぜかというと、水洗便所が完成して以来、黄金色をした糞尿に押し流されるあの恐ろしい夢を見ていないからだ。

どうやらぼくのこれからのウン気もよくなりそうだ。

くさの・のぶたか——一九四八年、長崎県有明町（現・島原市）に生まれる。高知大学農学部卒業。木材会社に勤務した後、七六年から鍋割山荘の小屋番になり、今まで自宅と山小屋を四千回以上往復している。この間、水洗トイレだけでなく、山小屋も自ら増改築した。

第3章 雪女

雪女

奥多摩・雲取山荘　新井信太郎さん

夏に賑わう山小屋も冬ともなると、驚くほど閑散としてしまう。まる一日、人に会わないことはよくある。吹雪が続くと、一日どころか何日も人に会うことがなくなり、人恋しくなってしまう。

もう何年前か忘れてしまったけれど、その年は例年になく吹雪が続いた年だった。そんなある日、いつものように山小屋にいて、便所に行きたくなって戸を開けようとした。が、しかし、戸が開かなかった。戸のすき間から見ると、いつの間に積もったのか、一メートルもの雪が入り口にあった。意を決してこの雪のなかをオーバーズボンを履いてラッセルをしようか。

一瞬、そう思ったが、歩いているうちに漏らしてしまいそうだった。漏らすだけならまだいいが、力が抜けて遭難してしまいそうだ。山小屋の主人が小屋の前で遭難したなんて新聞に書かれたら、恥もいいところだ。

そこで汚い話で恐縮だが、大便は小屋の土間に新聞紙を敷いて、した。小便は二階の風の来ない方角の窓を開けて、した。もちろん、水場にも行けない。仕方なく窓から吹き込んでくる雪をとかして手を洗った。夏とは大違いだ。違いすぎる。小屋の前にある樹林の間から新宿の高層ビル街の明かりが見えるというのに、である。

「ああ、退屈……、だれかこないかな……」

そうつぶやいてもガランとした山小屋に響くだけだ。指折り数えてみると、もう五日も人に会っていない。山小屋の食料を盗むテンやネズミも現れない。夏なら脅かしてやるところだが、今なら缶詰を開けてちゃんとご飯もつけてやるぞ。

「腹いっぱいにしてやるから出てこいよ、さっさと」

などとつぶやいたりする。

あくびが出た。この五日間、退屈で毎日寝ていた。いくら寝てもふとんに入ると、眠くなった。

「明日こそ、雪掻《か》きしないといけないな。今日は早く寝て明日にそなえようか」

そう思ってふとんに横になると、今度は目が冴《さ》えて眠れない。それもそのはず、その日は夕方まで昼寝をしていたのだから。暇つぶしにラジオをかけてみる。ますます目が冴えてきた。目が冴えるだけならまだしも、気がつくと、私の息子まで目を覚ましてしまっていた。

いい年をしてと笑われるかもしれないが、寝てばかりいて頭を使わないのだから、神経も疲れていない。ましてや女房と二十日も会っていない。息子が元気になっても仕方ないのである。そこで息子を自ら慰めようと、かまい始めた。しかし、悲しいかな、息子をかまっているうちに親のほうが寝てしまっていた。ああ……。

小屋の壁を小鳥たちが叩く音で目が覚めた。小屋のすき間から朝日がいく筋も差し込んでいる。

「今日はいい天気だ。思い切って便所まで雪掻きでもするか」

長靴の上にオーバーズボンを履いて、スコップ片手に玄関に積もった雪を片づけ始める。気がつくと、たっぷりと汗をかいていた。約一時間ほどたっていた。しかし、見ると、まだ小屋の前である。いい加減嫌になったが、しかし、我慢して約三時間かけて、どうにか便所までの道をつけることができた。さっそく便所で用を足す。久しぶりにゆったりとした気分で快適なひとときを過ごすことができた。

「それにしてもこの雪じゃ、当分人は来ないだろうな……」

私はひとり寂しくつぶやく。登山道が雪に埋まって、ちょっとやそっとでは来られないようになっているのがわかったからだ。

急につまらなくなった。昼飯を食べながら午後は水場への道も造ろうと考えた。しかし、コタツに入ってラジオを聞いているうちにまた眠ってしまった。気がつくと、ラジオも消えて、小屋のなかは薄暗くなっていた。外ではまた吹雪。ヒュー、ヒューと物悲しい風の音が聞こえていた。

「だれかこないかな」

そうつぶやきながらランプに灯を入れた。

コタツの火が弱くなったので豆炭を追加した。そのとき、気のせいか女性の声がした。

(まさか……)

と思いながらも耳を澄ますと、やはり女性の声がしている。

「今晩は、今晩は……」

体がシャキッとした。久々のお客さんだ。しかも女性だ。

「はぁい、今開けます。今すぐに」

途中で鴨居《かもい》に頭をぶつけながらも急いで玄関を開けた。

「今晩一晩お願いできますか」

そこには全身雪だらけの登山者が立っていた。

「ええ、もちろん、さ、どうぞ」

といったが、体つきから男に見えた。

（なんだ、男か……。女のような声がしたのに……）

私はがっかりした。しかし、久しぶりのお客さんに変わりはない。私はストーブに火を入れて登山者が雪を落としてなかへ入ってくるのを待った。あれもこれも話したいと思いながら待っている。しかし、話は登山者が優先だ。それが聞き上手というものだ。いいたいことを聞いてあげてから今度は私が話せばいい。酒が好きだったらへべれけになるまで飲ませてやろう。この分だと朝まで話はつきないぞ。

「さ、早くストーブにあたりな」

「あ、すみません」

「あれっ……」

あらためて驚いた。男と思っていた登山者は女性だった。年の頃は二十四、五歳で美形。身長は百七十センチはあった。モデルにしてもよいくらい可愛く、のどもとが透《す》き通るほどに白かった。

「こ、こんな雪のなかを、よ、よく登ってきたね……」

私は急にどもってしまった。

「ええ、途中で引き返そうと思ったんですが、もう少し頑張れと思っているうちに着いてしまったんです……」

その女性は、そういってコーヒーを一口飲むと、濡れた髪の毛をゆっくりとかきあげた。伏し目がちなのが色っぽかった。しかし、相当疲れているようだった。

「元気の出るご飯を作るから待っててくださいよ」

私はウキウキしながら夕食の用意をした。やがて、でき上がると、その女性の前に持っていった。

「さぁ、たくさん食べてくださいよ。おかわりもあるからね」

「……………」

消え入るような声だった。

「どうかしたの」

「疲れすぎてご飯が食べられないんです……」

そして、横になりたいとつぶやいた。私は彼女の腕を抱えてふとんのところに連れ

ていった。毛布、ふとんをかけてやると、

「ありがとう……」

と彼女がいった。そして、いい終わるか終わらないうちに彼女はすでに寝息を立てていた。

私はがっかりした。せっかく六日ぶりに登山者が来たというのに、それも女性が来たというのにろくに話もせずに寝てしまうなんて、ああ、退屈。その夜、私は悶々《もんもん》としてふとんのなかにいた。吹雪が相変わらず、ヒュー、ヒューと物悲しい音を立てている。しかし、そんな音を聞いているうちに皮肉なものでまた眠くなってしまっていた。気がついたら朝だった。

時計を見ると、五時だった。今朝は吹雪が止《や》み、天気はよさそうだ。ふとんから飛び起きると、さっそく朝食の準備に取りかかった。準備が整うと、その女性を起こしに行った。

「お客さん、ご飯ですよ、朝ご飯ですよ」

しかし、ふとんがすでに畳まれていて、寝ているはずの女性がいなかった。きっと便所にでも行っているのだろう。しかし、三十分待っても現れなかった。私はどうしたのだろうと思ってもう一度彼女が寝ていたふとんの周りを見た。すると、コタツの上に一枚の小さな書き置きがあった。

「昨夜はありがとうございました。お陰さまで温かく眠ることができました。私は歩くのが遅いので日が昇らないうちに帰ります」

と、ただそれだけ書かれていた。

(なにもあわてて帰らなくとも……)

私は急いで玄関に出てみた。もしかしたら彼女の後ろ姿が見えるかもしれないと思ったからだった。ところが、彼女の姿どころか足跡もないのだった。

(どうやって帰ったんだぁ……)

昨夜の足跡が夜半の吹雪で消えたとしても朝出かけたときの足跡は残っていてもいいはずではないか。それがひとつも残っていないのである。新雪が朝日に七色に耀《かがや》いているばかりだ。

背筋がゾッとした。

「雪女だ……」

私は今まで四十年もの間、山小屋の小屋番をしてきた。いろんな不思議なことを見たり聞いたりしてきた。驚き、恐れたものだったが、あとで考えると、そのほとんどは、たわいのないことばかりだった。しかし、この女性のことだけはいまだに謎に包まれている。いったいどこから来てどこへ消えてしまったのか。

そういえば、彼女が眠いといってふとんに連れていったときの体の冷たさは何だったのだろう。あのときは連れていくのに夢中であまりピンとこなかったが、今にして思えば、尋常なものではなかった。さらには、彼女が寝たふとんを触ったときも何の温もりもなかった……。

もしかしたら人恋しさのあまり、私の精神がおかしくなって見た夢だったのかもしれないなどと思ったりすることもある。

しかし、「昨夜はありがとうございました……」という彼女の置き手紙はまだ私の手元に残っている。これをどう説明したらよいのか、わからないのである。

あらい・しんたろう――115ページ「山内のピッケル」参照

人間が怖い

奥多摩・町営雲取奥多摩小屋　岡部仙人さん

山で何が怖いってそりゃ、やっぱりお化けより人間だな。お化けはいないと断言してもいい。

ときどき、テント場にテントを張っている登山者が血相を変えて、

「お化けが出た、テントの周りを夜中に歩いている音がした」とやってくることがある。

おれはいい経験をしたな、ときどき出るんだといってやる。途端に若い登山者はべそをかいてもう来ないといいだすんだ。

けれど、実をいうとそれはお化けでもなんでもなく、種を明かせばただのカエルなんだ。カエルがテントの周りを歩いている音で、それがまるで人間が歩いているように聞こえる。ドタッドタッと夜中だからよけい聞こえる。登山者が不気味さに我慢し

きれず、意を決してテントの入り口を開けると、だれもいない。そりゃあ、いるわけないよ。地べたをカエルが歩いている音なんだからさ。山で怖いというのは意外とそんなものみたいだ。

しかし、その一方で生身《なまみ》の人間はマジで怖い。おれもこの山小屋に入って二十年になろうとしているけれど、いつも人間ほど怖いものはないと思う。

なかでも三年ほど前だったかな、あれほど怖い思いをしたこともなかったな。そう、第一、姿格好が不気味だった。

いっておくけど、ここは標高一八〇〇メートル近い山のなかにポツンと建つ正真正銘の山小屋だ。東京で一番高い山、雲取《くもとり》山の頂上直下にある山小屋になる。なのに人の気配がしたのでひょいと見ると、戸の外に背広を着た男が立っているんだ。それも上下真っ白の背広を着て……。あわてたのなんのって。

それまでおれはストーブで夕食用のアジを焼いていて、「これは裏の沢で捕ってきたアジだ。脂がのってうまいぞ」などといって、顔見知りの登山者をからかっていた。それをそばで聞いていた新参の登山者が「へぇ、裏の沢でねぇ、美味しそうですね」と大まじめな顔をしていうもんだから、おれも吹き出してしまう。

そんなときだよ、戸の向こうにその男が立っていたのは。一瞬おれは凍りついたね。

いくら足元に東京の夜景が見えるからって、白い背広を着た男が立っているなんてちょっと信じられなかった。前例もあるわけがない。ストーブの周りにいたみんながシーンとなってしまい、ジュージュー、アジが焼ける音がするだけだった。

「突然で悪いけどよ、今晩泊めてくれないか……」

その男は戸を開けると、そういうんだ。年の頃は三十代の半ばでまだ若かった。普通、登山者にそういわれると、すぐに受けつけをするけれど、そのときばかりはしばらく口を開けられなかったね。なぜかって、そいつの目がとても怖かったんだ。するどいというより、生気がないというのかな。おれはそのとき、直感的にもしかしたら、こいつは人を殺して逃げてきたのではないかと思ったんだ。といっても人を殺した人間の目を見たことはないけれど、もし人を殺したらこれほど冷たい目になれるのではないかってね。まるでヘビのような、爬虫類《はちゅうるい》のような目をしていたといってもいい。

背筋がゾクッとしたものさ。

「だめか……あん?」

そういいながら、だめとはいわせない迫力があった。

「い、いいえ、ど、どうぞ」

山小屋は避難小屋も同然だから来る者を拒めないという鉄則もあるけれど、ここで断って暴れられたりすると登山者に迷惑がかかるし、怖いので泊めるしか方法はなかった。そして奥に寝室があるので好きなところを選んで寝てほしいと伝えた。すると、そいつはほっとしたのか傷のある頬を少しゆるめたのがわかったね。

「あ、ん、が、と、よ」

そういうと、男はなぜかいったん、外に出て後ろを向いた。見るともなく見ると、ポケットから小さい袋を出して粉状の薬を飲んでいるんだ。

そいつが部屋に入っていく。廊下を歩いた。戸を閉めた。ふとんに横になった。おれたちは全身を耳にしてその気配を追っていたので、いくら奥の部屋でも行動が筒抜けなんだ。

おれたちは物音を立てずに静かに酒を飲んだ。酒でも飲まないとやってられないものな。そのうちそいつがイビキをかいているのが聞こえ始めた。すると、途端に小声で話が始まり、そのうち酒の勢いもあって「さっきの白い粉はヤクだ」とか、「いや、そう見せて胃腸薬を飲んでいるだけだ」などと、馬鹿な話を始めてしまった。そればかりかだんだん盛り上がってしまって、歌は出るわ踊りは出るわ、ただの酔っ払いの宴会になったんだな、これが。今にして思うと恐怖から解放された勢いだったのかもしれない。ころっとそいつのことを忘れられるおれたちの頭脳構造も、怖いといえば怖い。

ところが、しばらくしていきなりドアがバタンと開いた。見ると、そいつが肩を上下させながら仁王立ちしている。眉間に深いシワが刻まれている。右手を服の左胸に入れて、今にもドスかピストルでも抜くようだ。

当然、それまでの騒ぎはピタリと収まった。向こうのイビキが聞こえるということは、おれたちの騒ぎも筒抜けということだ。

やられると思ったね、全員。山小屋に死体がるいるいと転がっている惨状が脳裏をよぎったものさ。あの冷たくて重い時間は今でも思い出すと怖い。まるで蛇ににらまれたカエルだ。

たぶん三十秒くらいのものだったけれど、十分もの長い空白に感じられた。だれかが飲んだ生唾《なまつば》の音も聞こえたほどだ。

「ふっ……、ここじゃやかましくて寝られやしねえ。上の小屋にでも行って寝らぁ」

そいつは少し笑ったようにそういうと、土で汚れた白い靴を履いた。しばらく土間に立っていて何かいいたそうだったが、やがて戸に手をかけた。

「か、懐中電灯はあるのかね」

おれがそういうと、男は一瞬立ち止まった。でも、すぐに振り返りもせずに後ろ手に戸を閉めて出ていった。後ろ姿が寂しそうだったな。

たぶん、それから頂上に向かって頂上の避難小屋で寝たと思うけれど、その後どうなったかはわからない。噂も聞かなかった。

それにしても奴は場違いなところに来たと思ったろうな。明るく健康的に騒いでいる山小屋に突然、爬虫類の目をしたヤクザだもの。結局は山小屋の雰囲気にいたたまれなくなって出ていってしまったんだろうな。今頃どこで何をしているのやら。今にして思うと、酒でも飲ませてやればよかったのかと思ったりするよ。

そうだ、酒といえば、もうひとり怖い奴を思い出した。やはり爬虫類のような目をした奴がいたっけ。

地元の警察官で、ときどき遊びに来ていたから顔は知っていた。だから小屋で警官仲間と宴会をやりたいからいいかと聞かれたので、いいといったんだ。すると、しばらくして約束どおり十人ほどでやってきた。みんなにらみのきいた男ばかりで、やってきた登山者に「組の宴会ですか」と聞かれたほどだ。おれは冗談に、小声で「そうだ」といったら、また来ますって帰ってしまったよ。おかげで一般の登山者はほとんど泊まらなかったね。

そのうち困った問題が起きたんだ。そいつ、酒癖が悪いのか大声を上げたり、おれに無理矢理酒を飲ませようとしたりするんだ。そればかりかそいつはおれより年が若いのに呼び捨てにして、からんでくる。仲間に「そんなこといったら失礼だろが」などと叱られているほどだ。しかし、いわれればいわれるほど「ここはおれがひいきにしてやっている小屋だ。文句はいわせねえ」などと増長しやがる。そんなに親しくないのに。

おれはカッとして、ほかの登山者の迷惑になるからこれ以上騒ぐと出ていってもらうことになるぞといってやった。すると、奴は血相を変えておれに殴りかかろうとした。

「やれるものならやってみろ」

おれは怒鳴《どな》ってやった。そしたらそいつ、今、おれを殴ったら大変なことになると思ったんだろうな。何たって公務員だ。暴力をふるったなんてことが知られたら即刻、首だ。自分の載った新聞記事でも頭をかすめたんだろう。途端に振り上げた手をおろすこともできずにワナワナふるわせて、そのままの姿勢で固まっていたよ。その滑稽《こっけい》だったことといったらなかった。

「口ほどにもない奴め。お前が何もしないならおれがやってやる」

おれはそういうと、ストーブの周りにいた常連の登山者に向かって「こいつを外へ放り投げようぜ」といった。すると、五、六人いた常連も「やっちまおうぜ」といって立ち上がり、そいつを横にして抱き抱えると、斜面から落としてやったんだ。男はゴロゴロ転がっていったものさ。そして、途中で止まっている。まるでカエルが裏返しになったように仰向けに倒れていた。

驚いたことに、奴の仲間は完全に無視していた。だれも助けようとしない。よほどあきれられていたのか、それとも仲間意識がなかったのか……。

いずれにしろそいつは、その夜、山小屋には戻ってこなかったな。あのヤクザと同じように頂上にある避難小屋にでも行って寝たようだ。

しかし、それだけではおれの怒りはもちろん納まらない。数日後、町にボッカするために下りたとき、たまたま知り合いの警察官に会った。その人はあいつの上司に当たる人だった。おれが事情を話すと、その人は申し訳なさそうに頭を下げながらこういうのだ。

「あなたのところでもやりましたか」と。

おれは笑ってしまった。が、冷静に考えると、ああいう奴が警察官をやっているのかと思うと、あの白い背広のヤクザ以上に怖いと思ったものである。どうせ怖い思いをするんなら、足のある美人の幽霊でも出てきてほしいもんだ。

おかべ・せんにん——一九四〇年、東京都奥多摩町氷川に生まれる。幼少の頃から奥多摩の山々を歩き、三条の湯、町営雲取奥多摩小屋などで約四十年の小屋番生活を送った。ギターと吹き矢が得意。現在は信州で放浪している。著書に『きょうも頂上にいます』がある。なお、雲取奥多摩小屋は二〇一九年に閉鎖された。

詐欺師

奥多摩・七ツ石小屋　嶋﨑兵市さん

その男に初めて会ったのは、私が小屋番になってすぐでしたから、昭和三十年のことです。確か春になったばかりで、まだ小寒い頃でした。

当時、私は二十七歳。それまで東京の精密機械工場で働いていましたが、自然のなかで育ったせいか、細かい仕事が嫌になり、山梨県の丹波山《たばやま》村に戻ってきていました。でも、これといった働き場所もなく、どうしようかと考え、また東京に行こうかと思っていたものです。すると、雲取山山の家（雲取山荘の前身）の小屋番である鎌仙人《かませんにん》こと富田治三郎さんに、山小屋の小屋番をやってみないかといわれました。

七ッ石小屋は、建っている場所は、山梨県ですが、持ち主は東京都です。もともと東京都の水源林を巡視するための小屋でしたが、民間に払い下げすることになったらしいんです。そこで富田さんが私に「どうせぶらぶらしているんならやってみないか。

お前ならやれる」と、声をかけてくれたのです。

渡りに船という感じで働くことにしました。以前、山小屋の手伝いを少ししたことがあったので覚悟はできていました。でも、水の確保をはじめ便所掃除などいくらでも仕事があります。重い荷物を担ぎ上げるのがつらくて、何度もやめようと思ったものです。でも、心配でわざわざ様子を見に来た鎌仙人に最低でも半年は頑張れといわれ、歯を食いしばりました。苦しいとき、ふと見ると、富士山が目の前に見えてね、不思議と力が湧いてきたものです。

そのうち、半年もしないうちにこの小屋にも常連というかよく遊びに来てくれる人ができて、その人たちのためにもやめられないなと思って続けてきたものです。

そんなときでしたね、その男が私の山小屋にやってきたのは。年の頃は四十五、六で小柄な男でした。一見ホームレスかと思われるようなつぎはぎだらけの服を着ていました。

普通、山小屋に入るときはあいさつをしますが、その男は、傘の柄《え》で戸を叩くんです。妙なことをする人だな、と思いながらも、

「さっ、どうぞ入って、寒いですからストーブにあたってください」

となかに入れました。すると、男は、何度も頭を下げながらおずおずと入ってきま

した。

「疲れたでしょう。今日はどっちから来られたんですか、三峰《みつみね》ですか、それとも鴨沢《かもさわ》ですか」

そう尋ねましたが、男は声を発しません。その代わり体をいろいろ動かしています。私はもしかしてと思って、

「言葉が不自由なんですか」

と訊きました。

すると、男は激しくうなずきます。私は急に可哀想になり、座ぶとんを敷いて、私が摘んだ自家製のお茶を出してあげました。

それがその男との初めての出会いでした。男の身振り手振りによると、戦争中は戦闘機乗りだったそうです。それが、太平洋かどこかで敵弾を受けて海に不時着した。そのときにどうやらのどを痛めてしまって、それ以来、耳は聞こえるが、ものをいえなくなってしまったらしいんです。

私は、男にお酒を出しました。すると、涙を流しながらうまそうに飲んでくれました。私はその男が言葉をいえなくなってから私らには想像もつかない苦労をしたんだろうな、と同情したもんです。その夜、私はありったけの酒と肴《さかな》を出してもてなしま

した。男は酔いで顔を真っ赤にしてご機嫌そのものでした。そして、身振り手振りで戦争のときの話などをしてくれました。

翌朝、帰るとき、握り飯を作って持たせました。そしていつでも好きなときに来てくださいといいました。男は感謝して何度も振り返って山道を下りていったものです。

それ以来、毎年のようにときどき、来るようになりました。来るたびに私は酒を出しました。男はいつもコップをおしいただくようにして飲んだものです。

そのうち男は常連客とも顔なじみになり、顔を合わすたびに出ない声を絞り出すようにして再会の喜びを表していたものです。常連から差し出される酒や握り飯をうまそうに飲み、そして食べたものです。

私はお金に余裕がありませんでしたので、お金はあげませんでした。ただで泊めて飲ませてあげるのがせめてもの私の気持ちでした。常連のなかにはお小遣いをあげたりした人もいたようですよ。可哀想だと思えばこそね。

昭和も三十五年頃になっていましたかね、早いもので男が来てからかれこれ五年ほども月日が流れていました。その日も前日から泊まり、いつものように常連たちとたくさんお酒を飲んで夜遅くまで騒いでいたものです。口はきけないけれども、人が歌う歌に合わせて手拍子などをうって楽しく過ごしたようです。

翌朝、男は三峰方面に出かけるというので、いつものように握り飯を持たせると同時に景気づけに一杯飲ませました。ク、ク、クッとうまそうにノドを鳴らして酒を飲んでいました。

「元気でやってくださいよ。またいつでも遊びに来てください」

私は男を外で見送ります。そういう私を男は拝むようにして、出発していきました。それから私は小屋の周りを掃除していました。すると、しばらくして登山者がやってきてこういうのです。

「七ツ石小屋のおじさんだよね」

「ああ、そうだよ」

「さっき通りすがりの人がおじさんのことを怒っていたよ。昨日、七ツ石小屋は常連客がやかましくて眠られなかった。一緒に騒ぐ親爺《おやじ》が悪い。あんな山小屋に泊まるなって」

「何かの間違いじゃないかい」

私は思わずつぶやきました。昨日泊まった客は全員二日酔いでまだ眠っていたからです。

「うちの小屋っていってたのかい」

「そうだよ」

「どんな人がしゃべったんだろ」

その登山者がいった風体《ふうてい》は、言葉を話せないあの男とそっくりでした。

「その人は口をきけないいんだよ。あんた私をからかっているんじゃないの」

「からかってどうします。実際にそういったんだから……」

その人は怒ったようにいいます。

私はめまいを感じたものです。

「おかしいな、信じられないな」

私は、理解に苦しみました。何かの間違いだろうと思いました。でも、嫌でしたが、確かめたくなっていました。私はそれまで着ていた山小屋の法被《はっぴ》を脱ぎ捨てると、まだ横になっていた常連客に留守を頼み、雲取山方面に向かいました。

(何かの間違いであってほしい……)

私は何度もそうつぶやきながら、休みもせずに歩きました。

違う登山者とすれ違いました。男の風体をいい、それに似た男の人が通りませんでしたかと訊いたものです。

すると、その登山者は、

「その人ならさっきすれ違いました。酒くさいにおいをさせて鼻歌をうたっていましたよ」

それだけでなく、

「ああ、眠い、眠いというのでどうしたのと訊くと、山小屋がうるさくて寝られなかった。あの小屋はよくないと話してました」

といいます。男が口をきけないというのが嘘だということがそのとき、はっきりしたものです。私の胸は悔しさで張り裂けそうでした。

雲取山荘に、その男はいました。小屋番に一升瓶から酒をついでもらっているところでした。そのとき小屋番をしていたのは、先年まで両神山《りょうかみ》の清滝《きよたき》小屋の小屋番をしていましたが、後に事故で亡くなった黒沢和士雄さんでした。

男はストーブの前に座り、もらった酒をうまそうに飲んでいます。満面笑顔でした。私と男と目が合いました。男は一瞬、ギョッとした顔をしましたが、すぐに人なつっこい笑顔を浮かべました。私は男のそばに近づきました。

「おい、お前。お前は口がきけるんだってな」

私はそう怒鳴《どな》りました。すると、男は顔の前で手を激しく振ります。

黒沢さんがあわてて、

「嶋﨑さん、何てことをいうんですか、失礼じゃないですか」

私はそういう黒沢さんを制した。

「ネタは上がっているんだ。悪いことはできないもんだな。山には電話はないが、山は山の情報が伝わってくるものなんだ。酒で気がゆるんで登山者におれの悪口をいったり、鼻歌を歌ったりするなんざ、詐欺《さぎ》師としては失格だな」

すると男の顔から作り笑いが消えて、肩から力が抜けていくのがわかりました。さらに男は観念したのか、酒をテーブルに置くと、頭を下げ、

「だまして申し訳なかった。それも長い間……」

といった。張りのある、太くてよい声だった。

黒沢さんも信じられないというように目を丸くするばかりでした。そしてこういいました。

「何ていう奴だ。口をしゃべれないと思うから親切にしてやっていたのに、みんなをだましていたのか。おれはお前のことを絶対に許さんからな」

男は下を向き、何もいわなくなりました。

それから私は黒沢さんと二人で男を警察に連れていきました。

あの頃はみんなが貧しかった。酒だけでなく食料もみんな貴重だったんです。それを苦労もしないで、芝居をして欺《あざむ》いて他人から巻き上げようとするのが許せなかった。

それにしても山では悪いことはできませんね。山は悪事がバレないと思われがちですが、意外と下界より話が伝わるのが早いんです。それだけ山は下界と違って登山者同士が情報を必要とする場だからかもしれませんね。

しまざき・へいいち——一九二八年、山梨県丹波山村に生まれる。五五年、二十七歳のとき、七ツ石小屋の小屋番となって以来、約五十年、登山者の世話を見続けた。二〇一〇年死去した。享年八十一。

泥棒！

奥秩父・笠取小屋　田邉　静さん

「いったいだれがこんなことをやったんだぁ、こんちくしょう……」

私は思わずそう叫んでいた。一九九八年（平成十）の冬、まだ雪が降っていたときのことだ。いつものように週末に山小屋に行ったが、小屋がめちゃくちゃに荒らされていたのである。入り口の鍵が壊され、小屋のなかを土足で歩いた形跡があった。そればかりでなく、床の上にはカップラーメンの汁の残ったカップ、菓子の袋、ティッシュペーパーなどさまざまなゴミが散乱していた。ツーンとゴミ臭いにおいまでする。まるで豚小屋だ。そればかりでなく、部屋の隅にはふとんが敷かれ、人が寝た跡が空洞のようになっている。倉庫を調べると、酒、米などがごっそりなくなっている。

犯人は明らかに何日か、ここでぬくぬくと暮らしていたようである。

「ちっくしょう、おれの大切な山小屋を汚しやがって……」

私は腹立ちまぎれにまたしても叫んでいた。悔しかった。親父が死んで、傾いて使えなくなった古い小屋を涙ながらに壊したあと、借金したうえ苦労して建て替えた山小屋である。以前の山小屋に比べればプレハブみたいで味気はないが、友人、知人などの手弁当で完成した、あったかい山小屋である。それも細々ながらやってきて、今年でようやく十年目を迎えようとしている山小屋である。十周年という記念の年に、文字どおり土足で踏み込まれたのが何とも腹立たしいではないか。

私は汚された山小屋を見ながら「犯人を取っ捕まえたら首根っ子へしおってやる」と心に誓ったものである。そして、すぐに警察へ被害届を出した。すると、警察では、「ほう、あんたのところでもやられましたか。最近、奥秩父方面では軒並みやられているようです。警察のほうでも犯人捜しを鋭意やっております」

といい、被害を受けた山小屋の名前を挙げるのだった。それは奥秩父の山にあるほとんどの山小屋だった。

さっそく、名前の挙がったある山小屋の主人に電話をして訊いてみた。

「やられたよ。ひどいもんだ、平日、留守を狙って入り込んでは、食料を食い散らかす。ゴミは片づけもせず、汚しっぱなしだ。片づけるのにどれだけ時間がかかったことか。ほかの山小屋も同じそうだよ」

どうやら、私の小屋と同じようなことがされているらしい。犯人はどんな奴なのだろうか。

「下界のホームレスじゃないのか。山小屋に行けば、食料があると思って登ってきたんじゃないのか。最近、奥秩父はどこも林道が奥までできて、だれでも簡単に入れるようになったからな」

こういったのは、週末に山小屋に集まってきた常連たちのなかのひとりである。泥棒＝ホームレス説が出て思わず笑ってしまったが、別の常連が、

「山に登るくらいの気力、体力があればホームレスなんかしていないだろが。だから山に登る奴には悪い奴がいないと昔からいわれているんだ。しかし、ホームレスは極端な例としても、最近は道がよくなって本格的な山ヤが減り、普通の観光に飽きて山にでも行こうかという人が増えてきたからな」

といった。

「確かにそれはいえる」

私はいった。それというのも最近の奥秩父は、随所で無駄とも思える林道がいくつも造られ、奥まで車で入れるようになった。そのためそれまで一泊泊まりだった山行が減り、ほとんどが日帰りに変わった。登山道の整備も格段に進み、登りやすくなっ

たおかげで山小屋に泊まる必要がなくなったのである。そして、山小屋を素通りして多摩川の源流である笠取山の頂上直下にある水干《みずひ》をピストンする。登山者というより、ハイカーばかりが歩いている。山小屋に泊まるのは相変わらず酒好きののんべえたちで、二日酔いで昼頃まで寝ている連中ばかりだ。

昔に比べると、ハイカーの通過時間が格段の早さで、「もう行ってきたの？」と時計を見ずにいられない。目が点になる。信じられないほどである。

信じられないといえば、以前よりゴミが増えただけでなく、ここ数年で山火事が二度もあった。ひとつは四年前、もうひとつは昨年に起きた。ハイカーが不注意でコンロを倒して、初夏にはツツジが咲く斜面をかなり燃やしてしまったのである。下手をすれば、私の山小屋にまで延焼するところだった。昔の登山者にはそんな人はいなかったはずだ。山を甘く見ているのではないか。

そんなことを見るにつけ、たしかに登山者の流れは変わっていると思う。このなかに不心得な泥棒が紛れ込んでいないとも限らない。

「しかし、その泥棒というのは、日帰りでやってくるのではなく、何日も泊まる奴だろう。しかも冬にも山に入っている。そんじょそこらの素人ではなさそうだぜ。もしかしてすごい山好きのプロなんじゃないか」

これまた常連のひとりが、酒で酔いながらも犯人を推理する。

「山好きなプロの犯行か……。そうかもしれないいな」

みんながうなずいた。しかし、残念ながら推理はそれ以上進まない。小説のように思うようにいかない。

「取っ捕まえたらどうしてくれよう」

と、飲んだくれるだけである。

ところがである。事実は小説より奇なりという例えがあるように、その日を境に犯人像が少しずつ見えてきたのである。面識がないのにくっきりと、である。

それは、続々と集まってくる常連や登山者たちの多くの噂話からだった。最初は漠然としたものにすぎなかった。

「この間、奥多摩のある山小屋に行ったら、小屋をおちおち空けていられないって親爺がいうんだ。どうしたって訊いたら、無断で山小屋にいた形跡がある。昔なら宿泊代を置いていくのにそれを置いていかないどころか、しまってあった米を持っていきやがった。しばらく留守番がてら小屋にいようと思うんだっていってた。なんでも最近、見かけない、髪を伸ばして歯のないあまり身なりのよくない奴がうろうろしているという話で、そいつが犯人じゃないかと思うんだが……」

　これは奥多摩を歩いた知り合いの男の話である。奥秩父だけでなく、隣の奥多摩まで泥棒が出没しているようだ。そうかと思えば、別の日、今度は丹沢を歩いてきたという知人がこういうのだった。

「山で営業している奴を見かけたよ。どこそこの山小屋で小屋番をしていて米を炊かせたらだれにも負けない、だから使ってほしいって。たしかに口から出てくる山小屋はよく知られている山小屋だった。しかし、世の中、不景気なんだね。山小屋にまで就職活動をしている。でもその山小屋でも小屋番がたくさんいるからいいって断られていた。そりゃ断られるよな、髪が伸びて歯もろくにない男で、まるでホームレスだったもの。たしか名前をTとかいっていた」

　知人は、可哀想だと思い、持っていたパンを差し出したという。すると、知人が出かけると、後ろからついてきて、ガイドをしてやるという。

　知人は山をよく知っているから必要ないといった。すると、その男はあっさりいなくなってしまったという。

　またある日、見知らぬ登山者が山小屋のベンチの前で話をしているのが耳に入った。

「八ヶ岳で変な奴に会ったんだ。頂上付近で休んでいると、山の名前を勝手に説明してくるんだ。髪を伸ばした変な奴。歯がぼろぼろで不気味だったけれど、よく山の名前を知っていたんで思わず聞いてしまったんだ。詳しいねというと、大学で山岳部に入ってたときに教えてもらった、今は山のガイドをしているんだっていうんだ。本当かなと思った。金は請求はされなかったけれど、欲しそうにしてずうっとそばにいたな。名前をたしかTとかいって、用があったら南アルプスの小屋に来ればいいっていってた……」

不思議なことに、こんな具合に男の噂が次々と入ってきた。髪が伸びて歯がボロボロ。名前はT……。奇妙な符号のように一致する。

しかし、この男が犯人とは何の確信もなかった。ただ噂に出る変わった男としか思っていなかった。

それから数日後のことである。知人の山小屋に行くと、ひとりの男の写真が壁に貼ってあるのである。男の顔は髪が伸び、口元の歯は欠けていた。私は「あっ」といってしまった。私の想像していた男の顔と同じだった。しかも名前はT、とある。私は奇妙な偶然に、

「どうしたの、この写真」と訊いた。

友人は、真面目な顔をしていった。

「指名手配写真。あちこちの山小屋を荒らしている奴らしい。警察から回ってきた。内密に探しているらしいよ」

「こいつがそうなのかぁ」

「山は好きなんだけど、怠け者で小屋荒らしばかりしているらしい。山小屋も、なるべく林道がついているところを狙うんだってさ。気がついたら教えて」

そのTは三月に、同じ奥秩父のある山小屋の親爺さんに見つかった。春山登山のために掃除をしようと久々に山に登ると、見知らぬ男が親爺さんの長靴を履いて山小屋の周辺をうろうろしていたのだという。親爺さんはその男の顔を見たとき、すぐに小屋荒らしと直感したそうだ。だれ彼となく噂で、髪が長く歯がボロボロの男という人相が流れていたからだ。

小屋に入ると、なかはゴミ捨て場のようになっていたという。一カ月は潜伏していたらしい。

「これ、おまえがやったんだな、T」

そういうと、Tはなぜ名前を知っているのだろうと驚いたそうだ。

「山はな、いい噂も悪い噂も種が風に舞うように広がるんだ。だから山では悪いことはできないものなんだ、わかったか」

Tは素直にうなずいた。その後、Tは警察に引き渡された。
一件落着したと思っていたら、最近は第二のTが出没しているという噂が出ている。
困ったものだ。

たなべ・しずか——一九五一年、山梨県塩山市（現・甲州市）に生まれる。初代小屋番で実父の田辺正道氏の跡を継いで七六年、二十四歳のときから笠取小屋二代目小屋番になる。普段はサラリーマンをし、週末は小屋番になるという二足わらじの生活を四十年以上間続けている。

第4章 フーの秘密

消えた河童

北八ヶ岳・白駒荘　辰野廣吉さん

古くから、北八ヶ岳の雨池《あまいけ》に「河童《かっぱ》が出る」という、まことしやかな噂が流れているが、実をいうと、それは本当だ。なぜなら、私は若い頃から、その池に棲《す》んでいた河童を見たことがあるからだ。よくいわれるように河童の皮膚は緑色をし、口がとんがって、頭のてっぺんが禿《は》げていた。あの伝説的な生き物とまったく同じ風貌だった。

とはいってもそんなにしょっちゅう見たわけではない。もう四十年近くもこの北八ヶ岳で小屋番をやっているが、残念ながら片手で数えられるほどしか見ていない。河童はあまり人目に触れるのを好まないらしい。

しかし、河童を初めて見たときの驚きは、今でも忘れられない。私が二十歳ぐらいのときだから三十五年も前のことだ。その頃は今と違い、山小屋にいても登山者はあまり来なかった。暇つぶしに毎日のように山小屋の周辺を探検ばかりしていた。しかし、飽きることはなかった。何より自然にひたれるのがうれしかった。何もないのがよかった。

その日は、北八ヶ岳の奥の奥に位置する雨池を見ようと向かった。その頃は林道もなく、背丈ほどもある草をかきわけていった。ほとんどけもの道といっていい。そのうち樹林の間から水の匂いが漂ってきて、雨池が近いことがわかった。安心して立ち止まると、何やら人の声がした。

先客がいるのか？　まさか……と足音を立てずに近づいていくと、そこにいたのが、ほかならぬ河童だった。

もちろん、信じられなかった。てっきり映画の撮影かと思った。河童に扮した十人ほどの俳優がときおり奇声をあげて池で泳いだり、潜ったりしている。なかには水辺にある岩の上で愛を語り合っているカップルもいた。みんなスタイルがスラリとしてよかった。よほどピッタリした着ぐるみを着ているのだろう、ダブダブとした感じは少しもない。なかでも女の河童の胸から腰にかけたラインにいたっては肉感的だった。胸がときめいたものだ。メイクも精巧で、笑うと可愛いえくぼまで出たほどだ。

そんな河童たちは気まぐれに池に放物線を描いては飛び込んだ。一回転ひねりどころか空中に止まったりもする。すごい演技である。映画だからピアノ線ででも吊っているのだろう。私は目を凝らして見た。昔の怪獣映画ではピアノ線が見えてしらけたっけ。しかし、河童の上にはピアノ線のピの字も見えない。日本の特撮もずいぶん進んだものと思い、拍手をしたくなったほどだ。

しかし、待っていてもメガホンを通して次の演技を指示する監督の声がしない。ただ遊んでいるだけだった。映画じゃないのかな……。

まさかと思いながら見ているうちに、私は恐怖心に襲われていた。河童は人間を見つけると、水底に連れ込み、尻穴から手を突っ込んで尻子玉《しりこだま》を抜いて食べてしまうというではないか。

私は逃げようとして立ち上がった。ガサッと音がした。

一瞬、河童の動きが止まった。視線が私に集中した。私は恐ろしさのあまり声を上げて立ち上がった。そして、一目散に逃げた。ペタペタと追いかけてくる音がして、今にも河童の手が襟首に延びて倒されるものとばかり思った。そして尻子玉を抜かれる……。

しかし、だれも追いかけてきはしなかった。どこをどう走って帰ったか覚えていない。とにかく走った。山小屋に戻り、鍵をかけてふとんをかぶって震えながら寝てしまった。ほとんど気絶状態だったようだ。

しばらく雨池には行かなかった。怖くてたまらなかった。しかし、河童は「見たなぁ……、け、け、け」と報復に来ることもしなかった。

一カ月もしないうちに私は、再び雨池のほとりにやってきていた。怖いながらもなぜか足が向かってしまうのである。私はあの女の河童に会いたかった。恋をしてしまったのかしらん……。

しかし、それから河童を見たのはほんの数えるほどだった。それも見るたびに数が一匹また一匹とどんどん減っていくのである。最初に見たときのような河童のオンパレードはあとにも先にもなかった。

しかし、私はその後も雨池に通った。そして、ある日、とうとう再会することができた。岩の上に憂いを含んで座っている女の河童に。

彼女はますます美しく、セクシーになっていた。私は彼女にならら池に引きずり込まれて尻子玉を抜かれてもいいと思ったほどだ。

目が合った。河童、いや、彼女は逃げなかった。が、何かを訴えているように目がとても悲しそうだった。彼女は目を伏せると、ゆっくりと池に飛び込んだ。今から十年ほど前のことだ。

ちょうどその頃からである、雨池に変化が現れたのは。

その日もいつものように雨池に出かけると、驚いたことに雨池の水がなくなっていたのである。あれほどあった水がなくなり、池が巨大なグラウンドのようになっているではないか。一瞬、私は道に迷い、違う場所に来たのかと思ったほどだ。しかし、道標にもきちんと雨池と書かれているし、迷うわけがない。何回も何回も通ったところなのだから。

雨池に何が起きたというのだ。静岡のある山では数年に一回、森に水が溜まり、池になるというのを聞いたことがあるが、逆に池の水が消えてグラウンドになるというのは一度も聞いたことがない……。

私は原因を知りたくて池の周りをかけずり回った。すると、新しい林道にぶつかった。地図にも載っていない、雨池を囲むような林道だった。

(いったい、いつの間に……)

私は驚いた。それればかりでなく、山は広範囲に削られ、ズタズタになっていた。林道を一本通すためにその斜面の上下がそれぞれ約二十五メートル、合計約五十メートルも削られている。おそらく斜面が急なためにそれだけ削らなければならなかったのだろうが、なぜ、そんなところにわざわざ林道を造らなければならないのか。

その斜面では無数の樹木が無惨《むざん》にも倒れ、水が随所から湧き出していた。地中を流れていた水が工事によってむき出しになり、流れ出したのだろう。その水は林道に流れると、池に向かわず、九十度方向転換して林道を伝わって下へと流れていった。

よくよく見ると、伐採されたのは林道の側ばかりではなかった。池の周りの樹木も随所で伐採されていた。保水能力を残すために陰樹、陽樹を交互に残しておけばいいのに根こそぎ伐っている。工事者が伐採による影響を何も考えていないのがわかった。私は唖然《あぜん》としてしまった。怒りが込み上げてきた。まるで秘密工作のように造られた林道。それより何よりなぜ、林道を造らなければならないのか。必要性がまったく感じられなかった。こんなところに道を造って何になるというのだ。

(なんてこったい、こちとら山を汚さないように努力しているのに、こんなに簡単に壊す者がいるとは……)

私は山で生活させてもらっている以上、山を守る自覚はだれよりも持っているつもりだ。ゴミひとつ散らかさないように拾い集めては、下界に下ろして処分している。山小屋から出る汚水ももちろんだ。汚水はそのまま流すと、てきめんに自然を傷つける。たぶん、垂れ流しにすると、山小屋の前にある白駒池はすぐに駄目になるだろう。私は白駒池を守るために以前に三段階にもわたる汚水槽を造った。そして汚水が一滴たりとも白駒池に流れないように努力してきた。白駒池の水が今も昔と少しも変わらず、水質を保持しているのはそのためだ。

糞尿も同じだ。便槽がいっぱいになると桶《おけ》に入れて担いで運び、車で下界まで運んで処理している。毎年そのために百万円は自腹を切っている。それだけ努力しないと、あっという間に周辺の自然はおかしくなってしまう。駄目になってしまうのである。

こんな具合に神経質なくらい気を遣って、初めて山のなかで暮らしていける。それなのに片一方では、大胆にもそんな努力を無駄にしてしまう林道工事が行なわれている。それも自然のことなど「への河童」という具合に少しも考えずに造っている。山は土建屋のための手つかずの宝の山ではないのである。

しかし、残念ながら何の反省もなく、今も林道工事ばかりでなく、ダム、河口堰などさまざまな工事のための工事が続いている。そして、全国各地の自然が雨池のように少しずつダメージを受け続けている。

そんな情けないことがまかり通ってしまうこの国、日本、そして行政のいい加減さ。私にとって彼らの存在は、ほかでもない河童の存在より数倍不思議でならないのだ。

雨池は十年たった今年も、グラウンドになっている。一度破壊された自然は簡単には元に戻らないといわれる見本のようなものだ。

林道沿いにある樹木も同じだ。健気《けなげ》に復活しようとしているが、なにせ周辺が人工的になってしまったから、耐え切れずに随所で土砂崩れを起こしている。一度は大きな土石流も発生した。そして、そのたびに通行止めになっては修復工事がなされる。まったく無駄の上塗り以外の何ものでもない。

雨池がグラウンドになってしまって以来、私は一度もあの河童たちの姿を見ていない。ふっつりと消えてしまったのである。水掻《か》きのついた足跡ひとつさえ見せてくれない。

思えば、あの日、悲しげな目をした彼女を見たのが最後だった。きっとあのとき、雨池を去り、どこか遠いところへ旅立つことを教えたかったのだろう……。

今頃、どこでどう暮らしているのだろう、などと考えると、胸が痛くなってくる。日本は目先の金に目がくらみ、またひとつ大切なものを失ってしまった。

たつの・ひろきち――一九四三年、長野県茅野市に生まれる。高校卒業後、白駒荘に三代目として入った。現在は四代目に山小屋を任せ、隠居生活を送っている。周辺は「森と湖に囲まれた北八ヶ岳」を代表する景勝地のひとつ。

フーの秘密

北八ヶ岳・ヒュッテ・アルビレオ　梶栄太郎さん

フーがわが家にやってきたのは、今から十三年も前の冬だった。ある日曜の夕方、いつものように登山者が去った山小屋を閉めて山を下りた。そして自宅の玄関を開けると、いきなり見慣れない子猫が私の肩に乗り、ニャアと鳴いた。それがメス猫のフーだった。

「どうしたの、これ……」

女房に訊くと、買い物の途中で土管のなかで声がしたのでのぞいたら、そのまま ついてきたと困った顔をしていった。初対面の私にもなれなれしいところを見ると、どうやら本当のようだ。

「どうしようか……」

私は困ったが、娘がじゃれつくフーを「可愛い、飼いたい」と目を輝かしていう。

家にはすでに猫が二匹いて、これ以上飼う余裕はなかった。しかし、前からいる猫はいずれもが猫本来の無愛想さ。それに比べると、やたらに愛想がいい。

「好きにしていいよ」

というと、娘は抱きながら、「お前は風来坊だからフーという名前にしよう」とすぐに名前まで決めてしまった。

フーは郵便配達の人や近所の人などだれにでもついていった。雪も嫌がらず、平気で新雪のなかを歩いて回った。

厳しい冬が終わり、春が過ぎ、夏になった。フーもだいぶ大きくなり、山小屋に連れていくことにした。ほかの猫は相変わらず、山小屋のなかでじっとしていたが、フーだけは私がボッカするとついてきた。まるで犬だった。

その日、ボッカが終わり、ひと息ついていたときのことだ。ふと見ると、八子《やし》ヶ峰のほうから登山者がやってきた。腕に子狐の死骸を抱えていた。

「登山道で死んでいたんですけど、どうしたらいいですかね」

私は引き取ることにした。山にいると、よく動物の死骸を見つける。その動物たちのために私が作った共同墓地が近くにあり、そこに葬ってあげようと思った。私は子狐を丁重に埋めた。そんな様子を、フーは傍らで興味津々《しんしん》といった面持ちで見ていた。

子狐を埋めながら、私はまだこの山には自然が残っていると思った。狐は食肉目、すなわち肉食である。狸なら雑食のために人間の残飯でも食べるが、狐は蛇とか蛙など生き物がいないと生きていけないからだ。

その夜、家族連れの登山者と花火をした。二匹の猫は花火を怖がり、ベランダの隅で寄り添うようにして見ていたが、フーは目を輝かせて見ていた。すると、遠くから狐の声が聞こえてきた。犬の声より甲高《かんだか》い声だ。言葉にすれば、ギャーン、ギャーンとでもいったらいいのか。声は共同墓地のほうからだった。親狐が、子狐を探しているうちに匂いの消えた共同墓地で鳴いているのだろうか。子狐を失った親狐の気持ちを想像すると、胸が痛くなった。

その翌日のことだ、フーが忽然《こつぜん》と消えてしまったのは。私は女房と探した。

「雑種ですが、足と腹に虎の毛が混じった茶色の猫を見ませんでしたか」

と、通りすがりの登山者に訊いた。しかし、手掛かりは何ひとつとしてなかった。恐らくは岩の間にでも落ちて上がれなくなったか、あるいはほかの動物にやられたかのどちらかだろう。

もしかしたら狐にやられたのかもしれないと思った。子狐を探しながら山に来たとき、猫の匂いを嗅いで目星をつけたのではないか。狐に対する哀惜の念が、突如として憎悪に変わった。何にでも興味を持つフーの性格が裏目に出たのだ。小屋に閉じ込めておけばよかったと、今さら悔やんでも遅い。

それから何日たった頃だろう。夏が過ぎ、早くも山には秋風が吹き始めていた。フーがいなくなってから一カ月はとっくに過ぎていた。死んでいるなら、せめて骨だけでも拾って共同墓地に葬ってあげたいと思っていた。

そんなある日の晩だった。台風が来て風雨が強かった。山小屋の台所で食事を作っていると、すぐ近くで狐の鳴き声がした。私は反射的にフーがやられた狐だと思った。私は懲らしめてやろうと、ドアを開けた。

その途端、私は思わずわが目と耳を疑った。そこにいたのは、狐ではなく、毛がボロ雑巾《ぞうきん》のようになり、痩せ細ったフーだったからだ。しかもニャアではなく、ギャーン、ギャーンと狐の鳴き方をしている。私には何が何だかわからなかった。しかし、それよりフーが寒さと空腹で震えているのが可哀想だった。急いで冷蔵庫から好物のチーズと蒲鉾《かまぼこ》を出した。すると、野生動物が久々に餌にありついたようにガツガツと食べた。あっという間にたいらげた。しかし、すぐに吐いた。胃が受けつけなかったらしい。

そこへ女房が、

「今、狐の声が聞こえたようだけど……」

と部屋の掃除を終えてやってきた。そして目の前にいるフーを見て喜んだ。しかしそれもつかの間、ギャーン、ギャーンという鳴き声を聞いて、

「いったいどうしたっていうの」

といった。卒倒しそうだった。

夜。寝ているフーを見ながら、女房がいった。

「いなくなっていた間、狐とでも一緒に暮らしていたのかしらね……」

「ま、さ、か……」


翌日、山小屋を閉じると、フーを連れて山を下り、車で茅野《ちの》市にある自宅に向かった。そしてフーがまたいなくならないように家の戸締まりをした。フーは疲れていたのか、おとなしく食べては寝るということを繰り返していた。

しかし、数日して、寝室で寝ていると、外から狐の声がした。途端にフーの耳がピンと立つと同時にギャーンと鳴いた。そして半狂乱になって出口を探した。障子を破り、柱に爪を立てた。私は驚き、戸を開けた。目にも止まらぬ速さでフーは外へ走り去った。山ならまだしも、自宅付近で狐の声を聞いたのは初めてだった。山小屋から

家までは直線距離にして十キロ近くある。まさかそんな長い距離を狐が猫に会いに来るのだろうか。いったい何のために……。

その夜、フーは帰ってこなかった。次の日も翌々日も帰ってこなかった。再び戻ってきたのは、二週間ほどしてからだった。やはり、ボロ雑巾のようになり、腹を空かせていた。フーは飢えた動物のように再び餌をガツガツ食べていた。

それからフーは、家、山小屋にかかわらず何度も姿をくらましては戻ってくるということを繰り返した。きっかけは、外から聞こえて来る狐の声だった。聞こえた途端、パニック状態になって戸を開けろとせがんだ。

「狐はイヌ科で猫はネコ科でしょ。犬と猫は昔から仲が悪いんだよね」

「それが仲良くなるということがあるのかな、狼少年の話でもあるまいし」

私たちはそんな話をして首を傾《かし》げた。

不思議なことはそればかりではなかった。帰ってくるたびにフーは狩りの腕を上げていた。蛇だとか雀だとかを獲ってきては見せに来る。ときにはすばしっこさで知られるオコジョやコウモリまで餌食《えじき》になった。だれに教えてもらったのだろう。

そんな状況が軽く五、六年は続いた。そのうち私たちも慣れっこになっていて、狐の声がすると、戸を開けてやるようになっていた。いつの間にか二人の間ではさまざまな憶測が浮かんでは消えた。子狐を失った母狐がフーを子供と勘違いして育てているのではないか、などと。しかし、目撃はだれひとりしていない。確たる証拠はないのである。

そんなある日、私は、真相を確かめたくなって追跡することにした。とはいっても相手は夜に行動するので難しい。私は足跡から行動を判断するアニマル・トラッキングをしてみようと思った。早朝から山を歩き回った。すると、狐の足跡を発見した。狐は一直線に歩くのですぐにわかる。その足跡の側にいくつもの足跡がついていた。狐とは違い、梅の花のような小さな足跡で、まるで狐の足跡にじゃれているようだった。

そんなとき、カサッという音がし、目を上げた。いつの間にか中央アルプスの山並みの向こうに陽が沈もうとして、ススキが金色に染まっている。そこをポーン、ポーンと金色の毛を逆光に輝かせ、飛びながら移動している狐の姿が見えた。それも子供をあやすようにである。その後ろをワンテンポ遅れ気味で小さな動物がついてくる。狐に比べると、ずいぶんと短足で胴もずんぐりとしていた。まるで猫……。

「あっ、フーだ……」

私は思わずつぶやいていた。その途端、それまでの風景は何事もなかったように静まり返った。

「フー」

呼んでも何の応答もなかった。風がススキを狐の尻尾のようにユラユラと揺らせているだけだった。私はまるで狐に化かされたような気持ちで呆然《ぼうぜん》と立ちすくんでいた。

今もフーは、私たちとともに山小屋と家の間を行ったり来たりしている。狐の声もときどき聞こえる。しかし、年を経るに従い、行方不明になる回数は明らかに減った。フーの鳴き声も徐々にギャーンからニャアに変わってきた。

ここ一、二年にいたっては、外から狐の声がたまに聞こえても耳がピクンと動くだけで出かけようともしない。反対に私たちが「出かけないの」と声をかけるほどだ。人間でいえば、フーはもう八十歳近い高齢になっている。寄る年波には勝てないのだろう。かつての敏捷さばかりか、十三年前にわが家に来た頃の愛くるしさはほとんどない。

そんなフーだが、しかし、いまだにギャーンと鳴くときがあり、驚かされる。振り返って見ると、フーは寝ている。夢のなかで、あの金色に輝く枯野を狐とともに駆け巡っているのだろうか。そんなフーに、何度も繰り返し心のなかで問いかけてきた疑問を初めて声にしてみた。

「お前は本当に狐と仲がよかったのかい。私だけにでも教えてほしい」

しかし、フーは、「夢の邪魔をしないで。うるさいニャア」とでもいうように寝返りをうって尻を向けた。

フーの秘密は永遠に藪《やぶ》のなかになりそうだ。

かじ・えいたろう——一九四〇年、東京の神田に生まれる。開成高校時代から本格的に登山を楽しむ。千葉大学に進むが、在学中から山小屋のアルバイトにのめり込み、中退する。二十九歳のときに北八ヶ岳・八子ヶ峰にあるヒュッテ・アルビレオの小屋主になる。現在は管理を第三者に任せ、山を下りている。

甲斐犬、クマ

三ツ峠山・三ツ峠山荘　中村光吉さん

「クマの奴、うちの店の周りをウロウロしているんだけど、どうする……」

受話器を取ると、山麓でドライブインを経営している友人だった。

クマは、私が飼っている六歳になるオスの甲斐犬《かい》で、この二週間ほど行方不明になっていた。日頃、登山者の道案内などをしているので迷子になるようなことは考えられなかった。事故にでも遭ったのではと心配していたので安心した。ドライブインにはクマが気に入っているチビというメス犬がいる。入り浸っていたのだろう。しかし、友人の様子がいつもと違う。

「ひどいけがをしているんだ。何日も食べていないようで、痩せている。早く医者に診せてやらないと……」

私は受話器を置くと、すぐにドライブインに車を飛ばした。駐車場の隅でクマが横たわっているのが見えた。車を降りようとして私の体が動かなくなった。左前足の手首がなくなっていただけでなく、傷口から骨が見え、その周りが血と膿《うみ》で固まっていたからだ。ピンと立っていた三角形の耳も枯れた花のようにしおれている。クマではないと思った。しかし、甲斐犬の特徴のひとつである黒い地毛に褐色の斑のある黒虎毛は、まさにクマそのものだった。

「トラバサミにやられたんだ。何日も挟まれているうちに手首が腐って落ちてようやく逃げられたんだな」

友人が顔をしかめながらいった。

「クマ、病院へ行くぞ」

私がそういって、クマに近づくと、牙をむいた。しかし、すぐに傷口が痛むのか悲痛な声を上げた。そこへチビが私とクマの間に割って入り、「連れていかないで」とでもいうように牙をむいた。チビの気持ちはわかるが、一刻を争う。牙をむくクマを毛布で包むようにして捕まえた。

病院に連れていくと、獣医が、「化膿が進んでいるので、左前足全部を切断しなければならないかもしれない」といった。私は仕方ないと思った。命さえ助かってくれればと思った。

クマは六年前にもらわれてきた。父が南アルプスに出かけたとき、山小屋で生まれたばかりのクマを見かけ、気に入った。わずか八カ月ほどの子犬だった。縁があってこの三ツ峠山に来たのだが、あまりにも不運ではないか。

しかし、幸いなことにクマの傷口は日を追って良くなっていき、獣医がこれなら切らなくてもいいといった。

「本当ですか、先生」

「回復が早い。体は小さいが、気は強い犬だ、この甲斐犬という奴は」

数日もすると、包帯がとれた。骨を皮が包み、傷が癒《い》えていた。

しかし、クマはそれ以来、何かが変わった。それまでのように外を走りたがることもなく、登山者を見ると、ウウッと低くうなり、逃げるように犬小屋のなかに入った。以前は、登山者に尻尾を振り、出迎えたものだ。なかには、そんなクマに会うのを唯一の楽しみに来る中高年の登山者もいた。甲斐犬は一代にひとりにしかなつかないということだが、顔見知りの登山者には尻尾を振り、愛想がよかった。

登山者の道案内もしなくなった。以前は毎朝、山荘を出発する登山者を見かけると、常に前になり、天上山のロープウェーまで連れていった。分岐があると、吠えて正しい道を知らせた。

そんな人好きで山好きのクマだが、登山者に「道案内してよ」といわれても上目遣いに見ているだけだった。臆病になっていた。トラバサミに挟まれていた間、死が間近に見えたに違いない。食料もなく、不安のなかを何日も孤独で過ごしていたことを想像すると、胸が痛くなる。外傷なら短期間で治るが、心の傷は時間をかけないと治らない。元気になるまでそっとしておくのがクマには一番よいのだろう。

しかし、何日たってもクマは山荘の周りをウロウロするばかりだった。そんな様子を見ていると、いくら心が病んでいるといってもいら立ちを感じる。

そもそも甲斐犬とは、名前どおり山梨県が原産で、古来から山岳地帯でイノシシやカモシカ、シカなどの狩りに使われた猟犬である。隔絶された山のなかで生きてきたために日本の犬でももっとも古く、どの日本犬よりも野性味が残っているといわれている。

(甲斐犬の気概はどこへ行ったんだよ、クマ……)

日に日に私のクマに対するいら立ちは募り、何度心のなかでそう叫んだことだろう。しかし、クマには罪はない。クマを責めることはだれにもできない。私は気持ちを抑えてクマを見ているしかなかった。クマは、そんな私の気持ちも知らないで横目でちらりと見ると、後ろ足で首をかいたり、無気力にあくびを何度もするだけだった。

その冬一番の寒い日だった。水場から汲み上げるホースの水抜きをしなければならなくなった。ホースのなかの水が凍ると、ホースが破裂して使えなくなってしまう。しかし、これが大変な仕事だった。山荘から一キロほども歩いていったところにある水場は沢のなかにあり、飛び散った水でアイスバーンになっている。そればかりでなく、その水場にはカモシカやイノシシなどさまざまな野生動物が水を飲みにやってくる。

なかでもイノシシには鉢合わせしたくなかった。猪突猛進《ちょとつもうしん》とはよくいったもので、まるで暴走族のように山中を走り回っている。遭遇しないためにもクマを連れていったものである。

その日、クマは足をひきずりながら不承不承といったふうで私についてきた。水場が近くなった。動物の匂いがするのか鼻を高くし、空気の匂いを嗅いでいる。以前ならすぐに吠え、走っていったのだが、怖じ気《おけ》づいたように唸《うな》りながらもあとずさりしている。

私はクマをその場に置いて水場に下りていった。しばらくすると、水場で百キロはあろうかと思われるイノシシが水を飲んでいるのが見えた。嫌な予感がした。私の足音に気づいたイノシシが振り返った。目が合った。イノシシが逃げ場を探した。しかし、下のほうは雪が吹きだまりになり、壁のようになっていた。イノシシは雪を蹴散らして私のほうに向かってきた。衝突したら跳ね飛ばされ、大けがは免れない。

私は斜面を登り返した。しかし、運の悪いことに雪に足を取られ、転倒した。視界の隅でイノシシがグングン近づいてくるのが見えた。

「ク、クマーッ」

私がそう叫んだときだった。ウウッと唸る声がしたかと思うと、クマが私の頭上を越えて、イノシシに向かっていった。次の瞬間、クマはイノシシに飛びつくと、その鼻先に噛みつき、首を振った。イノシシの肉が裂け、雪の上に真紅の血が飛び散った。今まで見たこともないクマの獰猛《どうもう》さだった。

しかし、相手はイノシシである。横綱と十両ほどの違いはある。イノシシが首を振ると、クマが簡単にはじき飛ばされ、吹きだまりに姿を消した。

イノシシは、クルッと角度を変えると、弧を描くようにジャンプした。あっという間に消えた。

「大丈夫か、クマ」

クマが姿を消したほうに声をかけた。すると、クマが雪のなかから顔を出した。雪でまつ毛まで真っ白になり、まるで白いぬいぐるみのようだった。しかし、すぐに胴振るいをすると、また黒虎毛のクマに戻った。耳がピンと立っていた。そのときわかったが、イノシシが方向を変えたのは私が転倒した三メートル先だった。クマがイノシシに飛びついていなかったら衝突していた。改めて総毛立つ思いだった……。

数日後のある日の夜、ジャラ、ジャラという鎖《くさり》の音がし、クマが犬小屋から出てくる音が聞こえた。そして、クーン、クーンと鳴いた。じきに男の人の声が聞こえた。山小屋には富士山の写真を撮りに夜になって来る登山者が多いが、そのなかのひとりだった。

「おお、きょうは出迎えてくれるのか、そうか、すっかりよくなったようだな、そうかそうか……」

その人はうれしそうにいっている。クマも声を抑えて喜びを表している。尻尾をちぎれんばかりに振っていた。

イノシシの一件以来、クマはめきめき元気になり、積極的になった。食事もよくとるようになった。クマのなかに眠っていた甲斐犬魂が復活したようだ。

道案内も復活した。朝、登山者が出かけるのを見ると、飛んできた。以前と同じである。違うのは足をひきずっていることだ。驚いたのは、道案内を一日一度ばかりでなく、二度もするようになったことだ。今までできなかった分を取り戻そうとでもいうようだ。

ある日、ふと、首輪についている袋が膨らんでいるのに気がついた。袋にはクマが迷子になったときのために、「見かけた方はご一報ください」と裏書きした私の名刺と電話代の百円玉が入れてある。その袋を開けてみると、百円玉が何枚も入っていた。お金ばかりでなく、「案内ありがとうね」とか、「お陰で寂しくなかったよ」という登山者のメモまで入っていた。不自由な足で道案内をしてくれるクマを励ましたかったのだろう。

そんなある日のことだ。下山した登山者から電話がかかってきた。忘れ物でもしたのかと思ったら、クマが河口湖駅までついてきているという。

「ほうっておいていいですよ」

私はそういいながら、クマが遠出をするようになったということは、心身ともに健康になった証拠だと思った。やはり時間が解決してくれたのである。

しかし、その日、クマはなかなか帰ってこなかった。もしかしたら、また、途中でトラバサミに引っ掛かったのではと思った。心配で私は外で待っていた。

日が沈む頃だった。タ、タ、タと遠くから足音が聞こえた。クマが走ってくるのが見えた。ときどき振り返っている。後ろから犬が一匹ついてきていた。ドライブインのチビだった。

「クマ、チビ」

私はうれしくなってそう叫んだ。二匹とも一瞬、立ち止まったが、すぐに尻尾を振り、吠えると、駆け出してきた。岩を越え、溝を飛び越えた。スピードが上がった。クマの走りは、左前足の手首がないなど少しも感じさせなかった。

目を上げると、大きな富士が赤く染まっていた。

なかむら・みつよし――一九五三年、三ツ峠山荘初代小屋主であり写真家の中村璋氏の長男として山梨県河口湖町(現・富士河口湖町)に生まれる。高校卒業後、東京の美術学校で油絵を学び、二十一歳からフランスをはじめスウェーデンなどヨーロッパ各国を放浪する。山荘には二十八歳から二代目として入る。油絵で富士山を描き、個展を開く画家でもある。現在は、息子の祐太氏とともに仕事をしている。

ヤマネの話

奥秩父・大弛小屋　佐藤宗利さん

「親爺《おやじ》さん、裏でネズミを見つけたけれど、どうしたらいいですかね。捨てるわけにもいかないもんで……」

山小屋にいたとき、山小屋の裏で無人の気象観測所の解体工事をしていた作業員がやってきた。見ると、ダンボール箱を抱えている。なかには落ち葉が敷き詰められていて、その隅に小さな動物が五匹ほど寄り添っていた。ネズミだかリスだかはわからなかったが、まだ、生まれたての乳飲み子だった。

「親はどうしたんだい、親は……」

「蓋を開けた途端、あれよあれよという間に二匹さっさと逃げていきましたが、あれが親だったんですかね……」

「親が子を残してさっさと逃げたというわけか、ずいぶん薄情だな」

「そうですなぁ」

作業員はうなずくと、「じゃ、置いていきます」といった。

私は「置いていかれても困る」といおうとして顔を上げると、彼らはもういなかった。私は、仕方なく引き取ったが、どうしたらいいのだろうと考えながら、親に逃げられた小さな動物たちを見ていた。週末に自宅から女房やせがれが手伝いに来たときに見せてやろうと思った。家族は動物が好きだから喜ぶ顔が浮かんだ。

それにしても何という動物なのだろう。いつも屋根裏を走り回るヒメネズミと同じ十センチもない大きさだが、ずんぐりむっくりしていて、まるで毛の生えた蒲鉾だ。色も白くなく、茶色っぽい。背中に黒い筋が入っているのを見ると、リスの赤ん坊か。でも、リスには黒い線が三本あったはずだ。しかし、これには一本しかない。ネズミとリスのハーフで新しい生き物かもしれないぞ、などと私は考えた。

次の日の朝、その見知らぬ動物たちに餌をやろうとしてダンボール箱の蓋を開けて驚いた。もぬけのからだった。昨日の夜にのぞいたときは確かにいた。昼間と同じようにに隅に寄り添うようにしていた。いったいどこへ行ったのだ。

そう思ってダンボール箱を見ると、箱の隅に穴が開いていた。ダンボールのカスが回りにいっぱい散らばっていた。逃げた親が舞い戻り、ダンボールを齧《かじ》って子供を助けていったのに違いない。親が交代で子供をくわえて新しい巣に運んでいる様子を思い描いた。私はこんな小さな動物でも親子の情愛があるのだと感動したものだ。山小屋の管理を町から任されて二年たったときだから、今から十二年ほど前のことだ。

　私は動物の名前を知りたくて、後日、山梨県の鳥獣保護センターに電話をした。もしかしたら、それは「新発見です」といわれるかもしれない。私は胸をドキドキさせながら、研究員に形態を一部始終説明した。が、簡単に、こういわれた。

「それはヤマネです。ヤ、マ、ネ」

「ヤ、マ、ネ……」

「そう、日本にしかいない動物で天然記念物に指定されていますが、本州、四国、九州の森にいます」

　何だかすごくがっかりしたのを今でも覚えている。

（山ならどこにでもいるのか……）とつぶやいていた。

　しかし、その研究員が意外そうにこういうのだった。

「大弛峠《おおだるみ》にいるとは思いませんでした」

「どうして」

「ええ、大弛峠は標高が二四〇〇メートルくらいありますよね。ヤマネは一八〇〇メートルくらいが限度らしいんです。もしかして日本ではもっとも高いところにいるヤマネかもしれないですよ」

ヤマネに付加価値がついたようで、私は俄然、興味がわいた。それ以来、何冊も本を買って読んだりした。それによると、ヤマネは木の皮や苔《こけ》を巣に運び込み、ねぐらにしている。そのため、森に苔や樹木がないと生きていけないという。標高は高いながら、まさに自然の豊潤な山、奥秩父で生きている理由がわかったものだ。

いつしか夜の七時半頃になると、夜行性のヤマネは定期便のように山小屋の梁《はり》にやってくるようになっていた。いや、前からヒメネズミとともにやってきていたのを知らなかっただけだ、といったほうが適切かもしれない。お節介にも梁に板を敷いて、餌を食べるのが見えるようにした。女房や娘、せがれが目を輝かして「可愛い」といって見ている。食事をすました登山者がギャラリーとなって、ずらりと並んで見ることもあった。

女房は何が好物なのか実験してみるといって、お菓子やパン、果物までいろいろな物を置いた。その結果、いちばん好きなのは甘い物で、なかでもチョコレートが好きだということがわかった。次はブドウなどの果物。両手で押さえながら皮をむいて食べる様子は無条件に愛らしい。

私がそばで「こいつはな、日本にしかいない生き物で、ここのヤマネは日本でいちばん高いところにいるんだ」などと蘊蓄《うんちく》をたれる。しかし、「可愛い」などといって、だれも耳どころか目も向けようとしない。まるでタレントに夢中になっているギャルだ。人の話もろくに聞かずに、バシバシと夢中でストロボをたいて写真を撮る者もいる。

ときどき、ヒメネズミが出てくる。

「痩せたヤマネね」というので、「あれはヒメネズミだ」というと、「きゃあ、ネズミ、しっしっ」といって露骨に邪魔にする者もいる。その気持ちもわからぬでもないが、そういわれると、何事も判官びいきの私にすれば、ヒメネズミの味方をしたくなる。何を隠そうヒメネズミは、ヤマネと比べようもないほど偉いからだ。

第一、ヒメネズミは働き者だ。冬に備えてどんぐりを地中に貯蔵する。そして、冬に少しずつ食べる。しかし、大量に貯蔵するためか、それとももともと忘れっぽいようにできているのか、とにかく埋めたところを忘れる。しかし、そのボケぶりが意外な副産物を生む。

ヒメネズミが忘れたどんぐりは、ちょうどよい苗代《なわしろ》に置かれた苗と同じように湿気から何から何までよく、芽がぐんぐん伸びる。そして、それがいつかコナラやミズナラの木になる。どんぐりが木から落ちてもほとんどは腐る一方で、樹木にはならない。ヒメネズミの隠れた努力が木を生長させるのである。自分が生きていくに必要などんぐりの実を栽培しているだけでなく、無意識のうちに森も造っているのである。森の植林家といわれるゆえんである。富士山の青木ヶ原の樹海はかつては、荒涼たる溶岩台地だったが、このヒメネズミの活躍で樹海ができたという。

それに比べ、ヤマネはどうだ。可愛いだけで、冬、いや秋に入った途端、どんぐりを貯えようともせずに冬眠してしまう。それも半年もの間である。雪のなかだろうが、鳥の巣だろうが、別荘のポストのなかだろうが、潜り込んでしまう。春になればなったで、起きぬけに野鳥の巣に入り、卵だけでなく、ひなも食べてしまう。そのためには木から木へ、小さな体なのに一メートルも跳ぶ。野鳥のギャング、森の忍者といわれているほどだ。愛らしい姿の下には、そんな残忍性が隠されている。ヒメネズミの爪の垢《あか》でも飲ませてやりたいほどだ。

そんなことも知らずに、姿形が可愛いだけでちやほやされる。今の世の中ではありがちなことで、一生懸命働いていてもネズミというだけで嫌われるヒメネズミが哀れじゃないか。これが理不尽でなくて何が理不尽だ……。だから、ヒメネズミは少なくとも植林をするために生きているが、ヤマネよ、お前はなんのために生きているのだと、ついつい意地悪をいいたくなったりする。もっとも考えてみれば、われわれ人間も本来、目的があってこの地球にいるわけじゃないから、詮索《せんさく》しても仕方ないとは思うのだが……。

ま、それはともかく、ヤマネの悪口をいう一方で、ヤマネの寝姿を見せられると、何もいえなくなるのも事実。くるっと丸くなっている様子は愛くるしいほどだ。悔しいが、認める。

いつだったか、初めてヤマネが冬眠をしているのを見たことがある。秋にふとんを干そうと思ってふとんを出したところ、ころころと白いボールが転がった。最初、だれかが忘れたボールかと思ったが、本で冬眠の写真を見たことがあったのでピンときた。持ってみると、軽いのなんの、二十グラムくらいしかない。外気温に合わせて体温を零度近くまで下げられるというが、そんな器用なことをしている最中だったのである。

私は女房やせがれに見せてやろうと思った。だから、ころころ転がしながら彼らを呼んだ。きっと「可愛い」といって喜んでくれるかもしれない。しかし、台所から返事は聞こえるが、なかなか来やしない。子供が小さかった頃はすぐに「お父さん、なーに」と来て可愛かったものだが、大きくなるにつれ、なかなか反応をしない。

（おれこそ何のために生きているのだ、男親なんてつまらねぇ）

と思ってしまう。そんなことを考えながら、ヤマネをお手玉のようにポーン、ポーンと投げていたら、突然、指先に痛みが走った。

「いてっ」

私は思わず大きな声をあげた。何があったのだろうと思って見ると、それまでボールだったヤマネに手足が生えて、ゴザの上をよたよたと歩いていた。いたずらしているうちに冬眠から覚めてしまったのだ。指をみると、血は出ていなかったが、いっちょまえに小さな歯形がついていた。

「親父、どうしたんだよ」

のっそりとせがれが現れた。私は、ヤマネを指さして、「あいつに噛まれた」といった。

「冬眠していたのを、いたずらして起こしでもしたんじゃないのか」

と軽蔑したようにいった。図星だった。

「投げて遊んでいた……」

私は小声でいった。

「だから齧られるんだよ、ほらヤマネも怒っているじゃねえか」

見ると、ヤマネが振り返りざま、丸い目を三角にして怒っていた。

「あらら、可愛いヤマネを怒らしちゃって、駄目なお父さんねぇ」

次いで顔を出した女房まで、そういって顔をしかめた。私はムッとした。みんなを喜ばせようとしたことが、ヤマネに噛まれただけでなく、馬鹿にまでされた。

「もう、いいから寝ろ、ったく……」

私は文字どおり、飼い犬に手を噛まれたようで不機嫌になっていた。

ヤマネのリスのようなふわふわした尻尾が、羽目板の間にスルスルと入っていくところだった。

さとう・むねとし――一九三三年、山梨県牧丘町（現・山梨市）に生まれる。法政大学中退。山梨高校在学中から山岳部に入り、奥秩父はじめ南アルプスなどを歩く。牧丘町で建材店を経営するかたわら、山好きなことから町から大弛小屋の経営を依頼された。現在は山小屋の管理人をやめ、会社経営に専念している。

あきつしま

苗場山・遊仙閣　高波菊男さん

私が苗場《なえば》山の遊仙閣《ゆうせんかく》に入ったばかりの頃の話だから、二十年以上も前になる。今でこそなじみの登山者がいるが、その頃はまだ泊まり客が少なく、山小屋の前を素通りしていくのを指をくわえて見ているだけだった。

たまに泊まる人が来ても、前任者を目当てにして来た人がほとんど。私は代わりのアルバイト程度にしか見られなかった。まだ若いこともあり、私は年配の登山者の話の輪にも入れず、管理人室で本を読んでは日々を過ごしているというていたらくだった。

鈴木牧之《ぼくし》の『北越雪譜《ほくえつせっぷ》』を読んだのもそんな頃だ。なかでも二編巻之四の「苗場山」は何度も読んだ。

「……こゝに眼を拭《ぬぐひ》て扶桑《ふさう》第一の富士を視《み》いだせり。そのさま雪の一握りを置《おく》が如し。

人々手を拍《うち》、奇なりと呼び妙なりと称讃す……」

牧之が苗場山から富士山が見えたと証言している文章である。今から百九十年近くも前の一八一一年（文化八）のことである。私はそれを読んで、本当なのだろうかと疑問に思った。苗場山から富士山までは実に百六十キロあまりも離れている。見えるわけがないと思った。

それまで私は何度も苗場山に登ったことがあるが、富士山のふの字も見たことがなかった。牧之は一度しか苗場山に登ったことがないという。よほど運がよい人だったのだろう。眉唾《まゆつば》、といえば眉唾である。しかし、それはともかく、苗場山から富士が見えるかどうかは、私自身も興味があり、いつか白黒決着のつくときが来るだろうと何となく思っていた。

しかし、現実はそれどころではなかった。山小屋の管理をやっていると、のんびりと富士山を探している余裕などなかった。登山者の食事の世話だけでなく、時間を見つけては、ふとんを干したり、新鮮な野菜などの食料をボッカをしたり、はたまた登山道を直したりと、息をつぐ暇もないほど忙しいからだった。

なかでも登山道を直すのは並大抵ではない。祓川《はらいかわ》の登山口までは道路が通っているが、その先は本格的な登山道。ひと冬過ぎると、道が崩れて、倒木や大きな岩があちこち転がっていたりする。そればかりでなく、雪解けとともに笹などが解放されたように爆発的に成長を開始する。そのため道が狭まり、登山者がすれ違えないほどになる。そんな登山道を心地よく通れるように整備しなければならない。

私は仕事の合間を見ては、鎌と鋸《のこぎり》を持って作業を開始した。岩一個動かすのに丸一日は簡単にかかる。人を雇おうにも余分な金がないので自分でやるしかない。

私は懸命に整備した。慣れない鎌で指を切りながらも我慢して刈った。何百メートルも刈ったつもりが、振り返って見ると、たったの数メートルしか進んでいない。がっかりしたのはいうまでもない。手だけでなく、腰も痛くなった。腰を叩きながら、私は大変な仕事についたなと思った。

しかし、その反面、平日などは黙々と草刈りをしていると、いろんな動物に会って、苗場山は自然が濃い山だと改めて思い、苦労が吹っ飛んだ。

例えば、ノウサギ。何か音がするので振り返って見ると、ノウサギが耳をピンと立てて警戒していた。脅かしたら可哀想だと思い、じっとしていると、ピョン、ピョンと歩いてきて、なぜか私の膝《ひざ》の上にちょこんと乗った。そして膝の上で耳を立てて警戒している。私はくすぐったいこともあり、吹き出したくなった。そのうち、腋の下を潜って、登山道に下りていった。改めて見たときは、樹林帯のなかにすたこらさっさと行ってしまったあとだった。

カモシカは、視線を感じると、たいてい離れたところで見かけた。森の哲学者といわれるだけあって、何か思索でもしているようにこちらを見ている。

そんなカモシカと登山道でばったり遭ったことがある。カモシカは、少し怒ったような顔をして、登山道から外れた。そのまま山に消えるのかと立ち止まって見ていると、斜面を少し登っただけで、私の斜め横を通り過ぎた。振り返ると、すぐに登山道に戻り、私を振り返りながら歩いていった。けっこう、横着者である。私はまたひとりで吹き出していた。

カモシカ以外にも、ヤマネだとかクマだとかの姿を見かけた。どの動物も大らかな感じだった。

しかし、いくら苗場山が自然が豊富といっても、六月頃から出てくるブヨには閉口した。道を整備していると、あちこちからわんさかと刺しに来るのである。今はそんなに腫《は》れなくなったが、初めのうちは顔の形が変わるほど腫れたものである。

だが面白いもので、七月に入ったときだった。ブヨが突然いなくなったのである。その代わりに現れたのがトンボだった。おや、と思いながら手を止めて見ると、木の枝に止まっているだけでなく、青空のなかを頂上方面にいっせいに向かっていく腹の黄色いトンボの大群が見えた。

一瞬、天変地異の前触れかと思ったが、私は子供のとき、たんぼでトンボが生まれたのを思い出していた。稲にヤゴがつかまり次々と羽化《うか》する。それがいっせいに飛び立つ。それは、雲集するという言葉がぴったりして空が黒くなるほどだった。そしてあっという間にどこかへ消えてしまった。

父、吾策にトンボはどこへ行くのかと訊いたことがあった。父は自慢の髭をなでながら、秋まで苗場山などの山で暮らすといった。目の前を飛んでいるのは、苗場山の山麓にあるたんぼなどで生まれたばかりのトンボが、上昇気流に乗って山を登っているところなのである。

よく見ると、トンボは、枝などに止まって何かを狙っていた。獲物に狙いを定めているのか、頭がときどきクルリ、クルリと回る。ブヨが近づいたところでパッと飛び上がり、パクリとやって再び同じ枝に戻った。獰猛《どうもう》そのものだったが、これが本当のとんぼ返りだ、などと私はひとりで感心していた。

しかし、それ以上に驚いたのは、草刈りを終えて頂上に立ったときに見たトンボの数である。昨日まで一匹もいなかったのに突然、頂上の湿原は黄色いトンボの海になっていた。木道《もくどう》を歩くたびにバサバサと舞い上がり、腕に当たるほどだ。なかには私に噛みついてくるトンボもいた。私を餌だと思ったのだろうか。

そういえば、昔、日本がまだ大和《やまと》と呼ばれていた頃、別名は「あきつしま」だったという。「あきつ」とはトンボの古い呼び名で、島は国の意味だ。それだけ日本はトンボがいたのだろう。それは、幼虫であるヤゴが棲める水辺があったということであり、それだけ水が豊富だったということなのだろう。

ここのトンボは、苗場山から流れた水で育っている。彼らはこの山の一部といってよい。そういう私もこの山の水で育った。トンボも私も同じ水で育ってきたのである。私が苗場山の人間なら、彼らも苗場山トンボである。今まで以上にトンボに親近感を覚えたといったら大げさか。

夜、トンボはどんなふうに寝るのだろう。トンボのことが気にかかり、登山者が寝静まるのを待って外に出る。トンボは、葉にぶら下がるようにして寝ていた。

朝、再び見に出ると、まだ寝ていた。というより朝露が半透明の羽根について飛べないのだ。しかし、それがまるで銀の雫《しずく》のようにきれいだ。さらに朝日が当たると、七色の虹のように耀《かがや》く。そして、羽根が乾く十時頃には歓喜の舞いでもするように羽音を立てながら上へ下へと舞う。逆光で白く浮かび上がる様子の美しさといったらなかった。

その一方で、朝、池塘《ちとう》のなかに死んでいるトンボも多数見かけた。夜、葉に下りずに水面に下りて死んだトンボたちだ。哀れなものだな、と思っているとやがて、野鳥がきてきれいに食べてしまい、何事もなかったようになる。

こうしてトンボたちは約二カ月ほど稜線で暮らす。暑い夏を涼しい山で過ごすのである。そして、日に日に黄色かった腹が少しずつ赤みを増していった。まさにアキアカネ。着実に成長している。

行動も少しずつ変わった。それまで単独で行動していたのだが、まるで恋の相手でも探すように離れたり近寄ったりしている。ときにはトンボとトンボが激しくぶつかりあったりしている。メスの奪い合いでオス同士でけんかをしているのだろうか。

九月の初めの頃、雨が降った。秋を思わせるような冷雨だった。そして、翌日、空はからりと晴れた。青空が広がっていた。いつものように私は道の整備をしようと山小屋を出た。

午前十時頃、空がサッと曇った。ふと空を見上げると、空いっぱいにオスとメスとがつながったトンボが、いっせいに下界に向かっているのが見えた。壮大な風景だった。

苗場山山頂に無数にある池塘。トンボたちは、この水を飲み成長し、やがて、伴侶を見つけて麓にあるたんぼや池に下りて産卵し、命を育む。

「おお、あきつしま……」

私は、思わず声をあげた。何百、何千、何万というつがいのトンボが下降気流に乗って下へと向かっているのである。私は鎌を置くと、木道に突っ立ったまま見入った。まるで雲がゆっくりと動いているようだった。

これから麓にあるたんぼや池に下りて産卵をするのである。周りにいたトンボも次々と飛び立っては群れに入っていく。

そんなときだ。トンボの切れ間の向こうに小さいが、はっきりと白い山が見えたのは。

「あっ、富士山だ……」

私は声に出して叫んでいた。

ちょうど頂上の真南の方角。まさしく鈴木牧之が「そのさま雪の一握りを置が如し」と書いた富士がそこにあった。牧之がこの山で富士山を見たというのは正しかったのである。

ふと、父、吾策が生前に何度もいっていたことを唐突に思い出した。

「谷川岳もいいが、苗場山は動物も植物も豊富でとてもいい山だ。あの自然はいつまでも手をつけずに残しておきたいものだ……」

苗場山を愛してやまなかった父。私はそのとき、父がいいたかった本当の意味が初めてわかったような気がした。

たかなみ・きくお――土樽山の家、吾策新道など谷川岳の開拓に尽力した高波吾策氏の五男として一九四八年、新潟県湯沢町土樽に生まれる。大学卒業後、兄が運営していた土樽山の家、蓬ヒュッテなどで小屋番修業をする。七七年からは苗場山の遊仙閣の管理を任されるが、二〇〇九年から蓬ヒュッテの小屋番となる。その後、遊仙閣は閉鎖された。

第5章

遭難救助

生きたい

陣馬山・清水茶屋　清水辰江さん

その日の二、三日前から頭が痛かったのを、今でも覚えています。普段、頭痛ばかりか風邪《かぜ》ひとつ引いたことがない私なのに、どこか悪いのかなと不安になっていたものです。今にして思えば大きな病気の危険信号だったのでしょう、もっと早く気づくべきでした。

でも、山小屋の商売というのは、頭が痛いくらいで休んでなんかいられません。山にやってきてくれる登山者のために茶屋を開かなければなりません。登山者は疲れを癒《いや》すために茶屋でジュースだとかおでんなどを買ってくれます。もちろんそればかりではありません。私ごとですが、顔なじみの登山者と会って話をしたり、茶屋からの富士山を見たり、周辺の風景を画用紙や名刺の裏などにスケッチしたりします。とりわけ富士山にかかる雲の絵は、もう何年も前からやっている私のライフワークです。

当日、頭痛はますますひどくなり、頭が割れるようでした。久々に休みたいと思いました。でも、その日は前々からの約束でテレビの取材が入っていました。私の山小屋生活を取材したいというのです。今さら断ったら皆さんに迷惑をかけます。それに電波に乗るのは私や陣馬《じんば》山の名前を広めるのにいいチャンスです。私は、頭痛を変だなと思いながらも、「そのうち、治るさ」と自宅から山に向かいました。

やがて撮影開始です。マイクを向けられインタビューに答えます。でも、私の頭痛はいっそう激しくなり、吐き気も込み上げてきます。

(大丈夫かな……)

不安がよぎります。

「台所で食事を作っているシーン、いきましょう」

「えっ、あっ、はい……」

私は、我慢して立ち上がります。しかし、その途端、頭の奥で何かがはじけた音がしたかと思うと、めまいがして私はその場に倒れてしまいました。

「どうしました」

「大丈夫ですか」

そんな声がして、台所に倒れている私をのぞき込む顔が次々に見えます。

（いえ、あの、ちょっと、具合が悪くなっただけです。ご心配なさらずに……）

そういって私は立ち上がろうとしました。しかし、立ち上がれないどころか、声を出しているのに私の声がほかの皆さんに聞こえないようなのです。

「清水さん、しっかりしてください、清水さん」

だれかがそういって、私を揺り動かします。が、もうひとりの方が、

「動かしちゃまずい。脳梗塞かもしれない。うちのおふくろのときに似ている。早いとこ病院に連れていかなくちゃ。救急車を呼んで」と叫んでいます。

（どうしたんだろ、何か変な夢でも見ているんだろうか……。脳梗塞、何それ……、冗談はやめてよ、足を滑らせて転んだだけよ……）

私は自分に降りかかった病気を少しも理解できないまま、その場に倒れているだけでした。皆さんがあわてているのが見えます。

やがて、ヘルメットをかぶった救急隊員の方たちが茶屋にやってきました。私は担架に乗せられ、山道を下っていきます。そして和田峠で救急車に乗せられ、上野原にある病院へ行くことになったのです。九四年（平成六）の九月のことでした。

脳梗塞でした。脳の血管が詰まり、体が麻痺《まひ》する病気です。私は左半身が麻痺しただけでなく、言葉も出なくなりました。そして病院に一カ月も入院することになりま

した。その間、身内をはじめ友人、知人などたくさんの方たちが見舞いに来てくれました。

常連の方は、「茶屋は心配しないで。皆で交代して店を開けているから」といってくれました。陣馬山に登っても縦走もしないで、茶屋でビールばかり飲んでいる常連のおじさん、彼も腕まくりをして掃除をしていたよ、といってくれます。実にありがたく思ったものです。

でも、言葉が出ないのでどうやって感謝の気持ちを表したらいいかわかりませんでした。文字を紙に書いてやりとりしましたが、歯がゆいとはこういうことをいうのかもしれません。いいたいことの十分の一も話せません。

不自由なのは言葉だけではありません。歩けないので車いすを使用します。日頃、年をとっても車いすには世話になりたくないと思っていた自分でしたが、いざ座ってみるとそのありがたみを、嫌というほど味わいました。

下《しも》の世話は義妹にやってもらいました。恥ずかしいやら申し訳ないやらで自分の身が情けなくて、涙が頬を何度も伝わりました。

(こうして私は死んでいくのだろうか……)

ふと、そんなことを考えたりします。今まで考えてもみなかったことです。突然やってきた病気。驚き、おののくだけです。そして、この私がどうしてそんな病気にならなければならないのか、何か悪いことでもしたのだろうかと、声にならない声で叫ばずにはいられません。病気というのは、自分に降りかからないといつも他人事で、降りかかったときに初めてそのつらさがわかる。何とも皮肉なものです。そして、死の淵に引きずり込もうとする。この世には神も仏もいないのがわかりました。気分が晴れずにうつうつとした日々を過ごします。

退院が間近になったある日のことでした。病院の窓から何気なく外を見ると、だれかから見られている感じがしました。何だろう……と視線を向けると、思いがけなく富士山が見えました。朝焼けに染まった富士山です。胸がときめきました。心のなかで、「あっ、富士山だ」とつぶやいていました。もう四十年近くも見てきた富士山ですが、今まで見たこともない美しい富士山でした。

するとどこからともなく、こんな声が聞こえてきました。

「早く元気になって私を描いてください。待ってますよ」

そういうふうに聞こえました。

（描きたいっ）

私の心のなかから、そんな言葉が突き上げるように出てきました。それまでくよくよばかりしていた自分のどこに、そんな力が残っていたのだろうと思うほどの力強さでした。もう一度富士山を描きたい。それができたら何もいらない。心底そう思ったものです、本当に。

私は子供の頃から将来は絵描きになろうと思っていました。そのために美術学校へ進む予定でした。でも、女学校三年のとき、父が他界して進学を断念しなければなりませんでした。母とともに懸命に働きました。妹や弟が六人もいて、みじめな思いをさせたくなかったからです。父親がいないから貧乏だといわれたくなかったのです。

やがて母も父を追うように他界して、ますます生活が苦しくなりました。もちろん絵筆を持つ余裕など少しもなく、生活に追われるばかりでした。ただがむしゃらに働くだけです。

一九六六年（昭和四十一）、陣馬山の頂上に登山者のための茶屋を作ったのも、お金を得るためでした。少しでも生活の足しになればと考えたからです。はじめは赤字続きでしたが、そのうちハイカーや登山者の人たちが寄ってくれるようになりました。

再び絵筆をとってみようと思ったのは、ある年、茶屋にひとりの画家が訪れたのがきっかけでした。茶屋に泊まり込んで富士山を描いていました。私は感化され、富士山を描いていました。実に三十年ぶりの絵筆でした。

それからというものは、忙しい合間をぬってスケッチを繰り返しました。失った時間を取り戻すように必死にやりました。家に帰っては大きく書き写して茶屋に展示しました。それがマスコミの目にとまり、取材を何度も受けました。展覧会も数回開かせてもらいました。ほかの茶屋の人に「辰ちゃんだけ有名になって」と、皮肉をいわれるほどでした。でも、「マスコミに取り上げられるのは、私だけでなく、陣馬山も広く知られること。いいことじゃない。変な嫉妬《しっと》はしないで」と思っていたものです。

考えてみると、ずいぶん鼻持ちならない女でした。でも、私は自分を振り返る余裕もなく突っ走ってきました。まさに病気で倒れるまで。

無理してきたのかもしれません。人一倍負けず嫌いの私です。結婚もしないで働き詰めでした。知らず知らずのうちに疲れがたまっていたのでしょう。体が耐え切れずに壊れてしまったのです。

入院している間、不自由な体ながらも、今まで生きてきたことを振り返ってみました。お金も名誉も、それほど大切には思えなくなりました。残ったのは、唯一、やはり描きたいという気持ちだけでした。私にとって描きたいというのは、生きることです。生きるためには健康を取り戻さなければならないと痛切に思いました。

私は病院を退院したあと、約二カ月、厚木にあるリハビリセンターに入りました。

はじめはバナナという言葉も話せませんでした。担当のトレーナーが毎日励ましてくれます。でも、どうしても言葉が出ません。ついつい挫折しそうになりました。しかし、「早くよくなって私を描いて」という富士山の言葉を思い出すと、ぐっと力が湧いてきて、再挑戦する気力が出てきました。

そして、リハビリを開始してから約ひと月後、諦めかけていた頃、バナナの「バ」という言葉がようやく歪《ゆが》んだ口からフッとこぼれました。その途端、トレーナーが「いいぞ、そのまましゃべってみて、諦めずに」と叫びます。

「バ、ナ、ナ……」

とうとう言葉がひとつの単語となって飛び出しました。

「しゃべれた。奇跡だよ、清水さん、やったじゃないか」

トレーナーが、自分のことのように私の手を握って喜んでくれました。

私は、これでまた富士山を描ける、と確信したものです。そのときのうれしかったこと、今でも忘れられないのです。

しみず・たつえ――143ページ「河童の頭」参照

「ファイトー」

南アルプス・両俣小屋　星美知子さん

「えっ、萱森君が死んだって、冗談でしょ。また、お姉さんをからかおうとしているんでしょ……」

初めて萱森努君が遭難したという話を聞いたとき、私は信じられなかった。つい数日前にその萱森君から、「七月下旬より中央アルプスに合宿で入る予定」という手紙をもらったばかりだったからだ。

手紙には、中央アルプスに入る前に教員採用試験の第一次試験を受けるということも書いてあった。「試験に落ちたら狂ったように山に行くつもり」と自信なさそうだった。会ったら喝《かつ》を入れてやろうと楽しみにしていた。萱森君は新潟大学教育学部の四年生で、数学の教員を目指していた。

しかし、萱森君の遭難を伝えに来てくれた女子部員は、「その中央アルプスで亡くなったんです。肺炎による心不全でした」と小さな声でいうばかりだった。

「い、いつなのよ」

「八月三日でした」

「八月三日だって……」

「もう一週間たちますが、これでも早く知らせに来たんです」

私は彼女の肩に手をやり、「ありがとう」といい、「何も八月三日に死ななくとも……」と呟いた。彼女もうなずいた。

八月三日という日付は、私や学生たちにとって特別な日だった。その三年前の八月三日は、私が両俣《りょうまた》小屋に入って二年目の夏を迎えたときだったが、新米のために萱森君をはじめ二十四人の学生たちを危険な目に遭わせてしまった日だった。一歩間違うと全員遭難という可能性もあった。しかし、豪雨のなか、みんなで励まし合って危機を乗り越え、「生還した日」でもあった。なかでも萱森君は、「ファイトー」といいながら明るく振る舞い、みんなを励まし続けた。

一九八二年（昭和五十七）夏。あの年は梅雨明けが遅く、雨ばかり降っていた。それればかりか、八月一日にすでに台風10号が上陸するという異常な天候だった。

両俣は、間《あい》ノ岳の右俣沢と北岳の中腹にある左俣沢が合流するため、そういう名前がついている。一度雨が降ると、林道が土砂崩れを起こして交通が遮断されやすくなる。私は登山者に早めの下山を勧めた。残ったのは、テント泊をする大学のワンゲル部員たちだった。

八月一日の夜、雨は時間を追うごとに激しさを増した。さすがのワンゲル部員も次々に小屋に避難してきた。三重短期大学、愛知学院大学、九州の社会人、そして萱森君がいた新潟大学の七人、全部で二十四人。ほかに同志社大学九人、東北薬科大学七人がテントを張っていたが、山小屋には避難してこなかった。

だれかが手洗いに行ったとき、小屋の前まで濁流が来ているといった。「しまった」と思った。油断していた。そればかりか突如として土間にボコッと穴があき、池のようになった。それに引きずり込まれるように女子学生が落ちた。溺《おぼ》れそうになったが、自力で這い上がった。次々と靴やザックが飲み込まれていく。

「大変なことになった、もっと早く気づけばよかった」と思ってもあとの祭りだった。

「小屋が危ない、裏山へ避難しよう」

夜十一時過ぎだった。取る物もとりあえず、小屋をあとにした。避難したのは、通称馬鹿尾根といわれる仙塩尾根の中腹で、全員びしょ濡れだった。靴を流された学生が二人いたが、ひとりはズックをもらって履いていた。ひとりは靴下だけだった。ズックをあげたのが、萱森君だった。ズックのない学生は靴下をもらって履いていた。

それにしても寒い。疲労と寒さでけいれんを起こす学生もいた。「寝ちゃだめだ」と叫びながら、学生らが交代でマッサージを繰り返している。脳裏には「遭難」という言葉が浮かび、（どうしたらいいのだろう……）と頭を抱えるばかりだった。そんな私に「これからどうするんだよ」と責めたり、寒さに震える女子学生が「お姉さんを絶対に許さない」などといっているのが聞こえた。

八月二日、明るくなってから私は気を取り直して偵察に出た。小屋は濁流にのまれて傾いていたが、二階は使えた。小屋に避難してこなかったほかの大学の学生は独自に避難したあとだった。私は再び避難場所に戻り、みんなを連れて戻った。同時に天気も良くなっていた。小屋に潜り込み、残っていた食料を食べると、体が温まった。酒も残っていた。みんなで少しずつ飲んだ。それまでの暗い雰囲気が嘘のようだ。

「てきぱき働いているお姉さんを見て、惚れたよ」

と冗談をいったのは、萱森君ではなかったか。みんなで大笑いになったものだ。

「お姉さんをからかうんじゃないの」

危機を脱したせいか、私も大きな声を上げて笑った。あした八月三日はいよいよ待望の梅雨明けだと思った。だれもがそう思った。

しかしその夜、二度目の異変が起きた。小屋の前が濁流となり、岩と岩がぶつかる音が谷中に反響して不気味だった。雨の勢いはいっこうに治まる気配がなく、小屋の前は濁流と化していた。台風9号崩れの低気圧が台風10号の去ったあとに雨雲を伴い上空に来て、豪雨になったのである。

少しずつ一階の水位が増し、階段が見えなくなった。避難するしか方法はなかった。それも、野呂川越から馬鹿尾根を歩き、仙丈ヶ岳を越えて安全な北沢峠の山小屋に避難するルートだ。約九時間の道程で、一般のコースとしては二日かかるが、一日で踏破しなければならない。疲労して熟睡している学生たちを起こした。だれもが唖然《あぜん》としていた。

翌朝の八時少し前、濁流の合間をぬって、愛知学院の学生を先頭に私は最後尾について出発した。全員で二十五人。食料がほとんどないだけでなく、心身ともに衰えている。いつ倒れるかわからない状況だ。しかし、そんな状況にもかかわらず三〇〇〇メートルの稜線を越えなければならない。

雨は容赦なく降り続いている。しかし、だれからともなく「がんばれー」という声が上がったり、調子を崩す学生がいるとマッサージなどをした。元気がなくなった人のザックを背負う者もいた。私は自分の行動を反省するとともに、何としてでも北沢峠まで行かなければならないと思った。

ようやく野呂川越を通過し、いよいよ馬鹿尾根に入る。長い道程の始まりだ。大学のワンゲルだけあって「ファイトー、ファイトー」、「ガンバ、ガンバ」という声が上がる。いちばん大きな声は萱森君だ。

横川岳では倒木をまたぎ、石をどかしながら歩く。高望池で休憩したが、野呂川越から三時間近くも歩き続けた。新潟大学からインスタントラーメンが配られた。萱森君が「これ食べて元気出して」と配って歩く。四人で一個をお菓子のように食べた。

強風にあおられながら伊那荒倉岳を越える。途中、学生が強風で吹き飛ばされてずり落ちた。幸いすぐに助けられたが、だれもがヒヤリとした。しかし、すぐに「ファイトー、ファイトー」と声を上げて歩く。

こうして仙丈ヶ岳に到着することができた。さすがにここまで来ると、難関を突破したことになる。それまで緊張していた顔もゆるむ。しかし、もちろんまだまだ油断はできない。さらにいくつかの起伏を繰り返して小仙丈ヶ岳に着く。みんなでありったけの食料を出し合った。あめ、ソーセージなどだ。なかにマヨネーズがあった。萱森君のものだった。みんなの手に少しずつ載せていく。半信半疑だったが、なめた。

（マヨネーズってこんなにうまいものだったのか）

「高カロリーだから行動食にいいんです。いつもぼくは持ち歩いています」

彼のうれしそうな顔が思い浮かぶ。

「どんどんなめて、元気出して、ファイトー」

だれしもが笑顔になった。

夕方の六時半、ようやく北沢峠に到着した。道路にいた登山者が私たちを見て拍手で迎えてくれた。全員で「ファイトー、ファイトー」、「わっしょい、わっしょい」と叫んだ。朝、両俣小屋を出てから実に十一時間もかかった避難行だった。

山小屋に宿泊を頼んでみんなの前に戻ってくると、学生たちが円陣を組んでいた。そして、私に「ありがとうございました」とお礼をいうのだ。私は穴があったら入りたい気持ちだった。私が未熟だったから、みんなを大変な目に遭わせたのだから。それが一九八二年八月三日だった。

翌年、復旧した山小屋に各大学の学生たちが遊びに来たが、萱森君も部員とともにやってきた。一年生だった萱森君は、二年生になり、後輩に昨年の話をしてやっている。いっぱしの兄貴格だった。そのとき彼は、将来は先生になると夢を語り、「両俣小屋はいい小屋。ここに来ると、パーになれる、毎年来たい」といった。底抜けに明るい青年だった。そして、私も毎年会えると思っていた。しかし、彼にはもう二度と会えなくなった。

新潟にある萱森君の実家を訪れたのは、山小屋を閉めた十一月のある日のことだった。学生たちには行くという連絡をしておいたが、実家には何も知らせなかった。

「両俣小屋の星です」

と名乗ると、出てきたお母さんがすぐに「生前は息子がお世話になりました。よく来てくださいました」といった。

「…………」

「あの子はよくあなたの噂をしていました。きょうはこれからあの子の百箇日の法要なんです。お線香を上げてくださいますか」

偶然訪れた日が百箇日の法要の日だった。私は線香を上げ、手を合わせた。萱森君のおばあちゃんを紹介された。

「孫から話を聞いておりました。いろいろとありがとうございました」

といったあと、一通の通知を見せた。教員採用一次試験合格の通知だった。

「あの子のお葬式のときにこれが来ましてね……、私が代わってあげればよかった」

といったきり嗚咽《おえつ》した。山で死ぬと、どれだけ周りの人を悲しませるかということが改めてわかった。

萱森君が亡くなってから十四年もたつが、今でもときどき思い出す。生きていれば三十六歳、いい数学の教師になっていたことだろう。そして、自然が好きだった彼は、今頃、ワンゲルか山岳部の顧問になって、疲れた生徒に微笑《ほほえ》みながら、

「ファイトー」といっていたに違いない。

ほし・みちこ——一九五〇年、福島県下郷町に生まれる。十五歳のときに結核の手術をし、片肺になるが、二十一歳には大学に通い、山に登るほどに回復。二十八歳から南アルプスの広河原ロッジで働き、三十一歳から両俣小屋に入る。八二年に台風の影響で両俣小屋に取り残された学生らを連れて無事生還し、『41人の嵐』という本を著す。両俣小屋生活二十周年には『両俣龍胆の記』を出版した。

山仲間

北アルプス・徳澤園　上條敏昭さん

「うちのパーティーのリーダーが滑落して行方不明なんです。た、助けてください。お願いします……」

今から二十年ほど前の元旦のことだ。山小屋の戸がガラリと開いた。二人の若い登山者が九州なまりの言葉でそう叫んだ。一瞬、正月早々タチの悪い冗談かと思ったが、床に座り込んで子供のように泣き出すのを見ると、私だけでなく、ほかに三人いた手伝いの男たちにも緊張が走った。

（やってしまったか……）

いつも覚悟はしていたが、改めて事故が起きたとなると、暗澹《あんたん》とした気持ちになる。それまでの正月気分はいっぺんに吹き飛んだ。

「で、どこでなんだ」

「前穂高の4峰の下。足を滑らして谷に落ちてしまったんです。何度も呼んだんですが、雪に潜ってしまったらしく、何の応答もないんです」

「さあ、早く、一緒に捜索に行ってください。でないと死んでしまう」

二人はめいめいにいい、そして、立ち上がると、今にも向かおうとした。

「気持ちはわかるが、落ち着け」

私はいった。

冬山の遭難は一刻を争う。雪が降り、雪崩《なだれ》でも起きると、発見が遅れてしまうからだ。しかし、山小屋の関係者は遭難が発生したらまず警察の指示を仰がなければならない。それというのもかつて、別の山小屋だが、小屋番が、請われるままに捜索に出かけて二重遭難を起こし、取り返しのつかない事態になったことがあった。勝手な行動は厳重に注意されていた。

私は、受話器を取り、警察に連絡をした。じきに所轄の警察、そして新聞記者もやってきた。今までもそうだったように、上高地で唯一冬に開いているうちの山小屋が対策本部になった。

警察の事情聴取が始まり、大筋がわかった。九州の社会人山岳会で年末から三人で山に入り、慶応尾根から前穂高に登頂する予定だった。遭難したリーダーは、私と同い年ということがわかった。

翌日、九州から遭難したリーダーのお姉さんのご主人をはじめ、山岳会の仲間たちが数人駆けつけた。

「捜索隊は現場に行っているんですか」、「消息はわかっているんですか」などと詰め寄られた。しかし、正月ということもあり、人がなかなか集まらず、隊を組めなかったのが実情だ。

実際に捜索隊を編成し、現場に向かったのは、一月四日だった。その日の夕方、捜索隊は戻ってきたが、新雪が降り積もり何の手掛かりもなかった。

捜索は次の日もさらに次の日も続いた。そして一週間たったある日、ロビーに集まるよう連絡が入った。警察や長野県遭難対策協議会の人が沈痛な面持ちで「残念ですが、捜索隊を解散します」と告げた。「ワッ」と山の仲間やお姉さんの間から声が上がった。しかし、気丈なお姉さんは、「皆さんに感謝します」と声を詰まらせながらもあいさつをした。そして、翌日、「雪解けになったらまた来ます」という言葉を残して九州に戻っていった。

途中、お姉さんが振り返りながら、何度も前穂高に向かって手を合わせていた姿が気の毒でならなかった。

四月二十九日、上高地が再びその懐を開き、開山祭を迎えた。待ちかねたように穂高や槍などを目指して登山者が押し寄せる。白い峰々を目の前にして思わず破顔し、白い歯がこぼれる。しかし、その登山者のなかに黙々と口を結んでやってくる十人ほどの一団があった。約束どおり遭難者の仲間が来たのだった。しかし、山はまだ冬だった。現場は近づくこともできないほど雪があった。今はそれほど雪は降らないが、二十年ほど前は雪は多かった。

彼らは山小屋に泊まらずテントに寝泊まりした。何度、部屋を提供するといっても泊まろうとしなかった。

「お気持ちはありがたいですが、リーダーが山で眠っている以上は山小屋はぜいたくすぎて。それにご迷惑をかけられません」といった。

驚いたのは、それから毎週交代で九州からやってきては、捜索作業をしていくことだった。飛行機などは使わず夜行列車に乗ってくるのだ。あるときは二人だったり、あるときは十人だったりした。どんなことをしているのかと思い、ついていったことがある。

彼らは、ポリタンクを担いでいったが、それにホースをつないで雪の上に水をまいて雪を溶かす作業をするのだった。それを何度も繰り返しているのである。

また、あるときは、テニスに使うネットを運び込んできた。それを何に使うのかと思っていると、沢の下流部分に下りていき、沢を横切るようにして雪を掘り起こし始めるのだった。

「もし、梅雨になって雪が解けてリーダーが下流に流されてしまったら可哀想だから、ネットに引っ掛かるようにしてあげようと思いましてね」

そういうと、会員のひとりは黙々と作業を続けた。

たったひとりのときもあった。山のなかではこれといった作業はできなかったが、山小屋の前に立ち、登山者に何か発見したものはないかと何度も訊いているのだった。たったひとりとはいえ、一日たりとも仲間が来ない日はなかった。しかし、そんな山仲間の苦労にもかかわらず、リーダーは発見されなかった。

梅雨どきにはポンチョを着て、雪を掘り返していた。ときどき、膝《ひざ》まずいて、おいおい泣き出す仲間もいた。そして、その仲間を抱きかかえ、励ます仲間もいた。

梅雨の雨で、雪は見る間に減っていった。しかし、リーダーは発見されなかった。よほど深くうまっているのだろう。あるいは雪崩で遠くへ流されてしまったのかもしれない。テントに戻ってくる仲間の姿も疲労の色が濃くなってきたのがわかった。私はそのたびに遠慮なく山小屋に泊まってくださいといったが、やはり迷惑はかけられないといい、泊まろうとしなかった。

梅雨が終わり、本格的な夏山の季節を迎えた。上高地は、登山者と観光客で賑わう。テント場も大小さまざまなテントで賑わう。そんなときもパーティーのテントはテント場の片隅にたたまれることなく、ひっそりとあった。しかし、現場はまだ雪があり、リーダーは上がらなかった。

そして、お盆。遭難者のお姉さんがご主人といっしょに花束を抱えてやってきた。

「お盆ですからせめて花でも上げようと思って来ました」

仲間に連れられて現場近くに行った。仲間は相変わらず、雪を掘ったり、水をかけたりしている。彼らはお盆休みを捜索に当てているのである。頭が下がったものだ。

「このまま見つからず、また冬が来て、雪が積もるんでしょうか。そして一生、雪の下にいるんでしょうか……、いい子だったのに」

お姉さんは、そうつぶやくと声を立てずに泣いた。そして、八月十六日午後に交代要員を出迎えると、深々と頭を下げて帰っていった。やはり振り返りながら前穂高に手を合わせている姿が哀れだった。

それから二時間ほどもたった頃である。遠くから走ってくる足音が聞こえた。そして仲間のひとりが何かをわめきながら山小屋に駆け込んできた。

「で、出ました、ようやくリーダーが姿を現してくれました」

正月にリーダーの遭難を告げに来た若い男だった。

「ようやく、ようやく……」

そうつぶやくと、あのときと同じように子供のように泣くのだった。

「本当か、それはよかった」

遭難してから実に七カ月半。どれだけこの日を待っていたことだろう。思わず私も興奮して大きな声で叫んだ。

「これでみんなの苦労も報われた」

私はすぐにお姉さんに伝えようと思った。しかし、どこへ連絡したらいいのだろうか。今のように携帯電話があるわけでもない。とにかく私は松本電鉄の各駅や松本駅などに手当たり次第に電話をかけた。

「急用なんです。場内放送してください。お願いです。至急、徳澤園に連絡するように場内放送してください」とあちこちにがむしゃらに電話をした。祈るような気持ちで受話器を置いた。

電話が鳴った。

「……今、松本駅で電車に乗ろうとしたら、お宅様に連絡を入れるように放送が入っていました。もしかして、弟が発見されたんですか……」

「そうです、今、見つかったという伝令が入りました。よかったですね」

お姉さんは、「あっ」と絶句した。しかし、じきに「ありがとうございます、すぐに戻ります」といった。そのとき、電話の向こうで電車の発車のベルの音が鳴るのが聞こえた。

お姉さんが弟と対面したのは、警察の検視が終わった夜だった。

「この子、お盆だから一緒に帰りたかったんですね」と泣きながら遺体に取りすがった。


翌年の夏。山仲間が十人ほど再び九州からやってきた。皆が手に手にスコップやらセメント袋などを持ってきた。数日前に遭難碑としてケルンを作りたいと相談を受けたが、私は何と返事をしたらよいのかわからなかったが、作ることにしたようだ。その日も徳澤園にテントを張り、その日から工事を始めに山に向かった。

三日目のことだった。リヤカーを貸してほしいといわれた。理由を訊くと、リーダーの両親とお姉さんが来ることになっているが、母親が足が悪くて歩けないので上高地からリヤカーに乗せたい。そして、ケルンの見える場所までみんなで連れていきたいというのだ。

「そりゃいい」

私は二つ返事でリヤカーを貸すことにした。そして、その日の午後、山仲間に引かれたリヤカーが山小屋の前に到着した。リヤカーにはお母さんとたくさんの花束が積まれていた。お姉さんが両親に私を紹介してくれた。

「いい仲間に囲まれて息子さん幸せだいね」

私はそういうのが精いっぱいだった。お母さんがゆっくりと頭を下げ、ハンカチで目を押さえた。やがて、母親を乗せたリヤカーがみんなに引かれながらゆっくりと山に向かっていった。

穂高が行く手に大きく見えた。

かみじょう・としてる――一九四九年、徳澤園の四代目として長野県安曇村（現・松本市）に生まれる。幼少の頃から穂高を見ながら上高地を自分の庭のようにして育つ。早稲田大学文学部在学中は山岳部員として活躍。卒業後、一時期、ホテルマンになるためにスイスで修業をしたが、親の要請に基づき日本に戻り、徳澤園の経営を受け継ぐ。現在は日本アルプス観光株式会社代表。

子福地蔵

南アルプス・青木鉱泉　堤　宏さん

「い、いったい何をしようとしているんですか……」

二十年ほど前の、ある日の早朝のことだ。私は、宿から山に出かけようとする登山者を見送っていたが、そのなかに若い夫婦を見つけて思わずそういってしまった。

それもそのはずである。ほかの登山者はザックを背負っているのに、その夫婦は乳児くらいの大きさの物を風呂敷で包み、それをおぶい紐で背負っていたからである。しかも、笑いながらだ。私にとってはこの上なく不気味な光景に思えた。

(なかに何が入っているのだろう、まさか……)

奇妙な夫婦だと思った。私はどうしたものかと考えずにはいられなかった。しかし、その夫婦は相変わらず口元に笑みを浮かべていた。

奥さんが静かにいった。

「私どもにもようやく子供ができましたものですから、これから子福地蔵に願いがえしをしに行こうと思いまして、こうして主人とお地蔵さんを担いで地蔵岳に登ろうとしているんですよ」

少しも常軌を逸しているふうではなかった。むしろまともな物言いだ。

子福地蔵、願いがえし……。はじめは何のことだろうと思ったが、以前、知人の古老から聞いた話を思い出した。

「もしかして、地蔵岳の下にある賽《さい》の河原の子福地蔵のことですか」

夫婦はともにうなずいた。

「ええ。お地蔵さんにお願いをすると、子供ができるという話を聞いて、二年ほど前に来たことがあるんです。今回はそのお礼なんです。前に来たときも堤さんはいらっしゃいましたよ」

といって、また笑った。

その頃、私は鉱泉を始めたばかりだった。仕事に慣れるのが精いっぱいで、お客さんの顔を覚える余裕はなかった。

「前回は私どもは初めて来たので、お地蔵さんを背負う必要もなく、普通の登山者と同じでした。気がつかなくて当たり前ですけれどね」

「しかし、いまだに子福地蔵の信仰が続いてるとは知らなかった」

正直な気持ちだった。

「あれこれ手を尽くしても子供ができなかったのですが、母からここの子福地蔵の話を聞いて来たんです。半信半疑ながらもお願いに上がったら幸いにも子供が授かったというわけなんです」

ご主人がいった。生まれた子供は一歳になり、母体も元気になったので出かけてきたという。私は何だか急にうれしくなって、

「そうだったんですか。話は知っていましたが、今でもそうやってお礼に来られる風習があるんですか、もうとっくに終わっていると思っていました」といった。

「今夜は上の薬師岳小屋に泊まって、あしたは夜叉神《やしゃじん》峠に出るつもりです」

神奈川から来たといった。

「気をつけて登っていってくださいね」

私がそういうと、夫婦は振り返って会釈した。そして、ドンドコ沢へ向かうために森のなかに入っていった。奥さんをかばうようにして歩くご主人の後ろ姿もよかった。しきりに感心したのを、私は今でも覚えている。

子福地蔵――。そもそもどういう信仰かというと、地元の古老たちの話をまとめてみるとこんな感じだ。文字どおり、子宝信仰である。発生はいつかはわからないが、江戸時代の中頃に最盛期を迎えたらしい。近隣だけでなく全国から子供のできない女性が鳳凰《ほうおう》三山の地蔵岳を目指してやってきた。今のように林道がなかった時代である。鳥居峠、平川峠などの峠を越えたのである。そして、登山基地として青木鉱泉が使われたのだという。

当時の青木鉱泉は、青木の湯と呼ばれ、もう少し上流にあったといわれている。そこを宿として全国からわらじに白装束といったいでたちの女性と付き添いのご主人などで賑わった。

初めてこの地を訪れた人は、ひたすら賽の河原を目指して登った。まだ夜が明けない薄暗いうちに宿を出て、ドンドコ沢を登っていった。道が整備されていなかったため、女性にはかなりきつい道だった。体質が変わるほどだったそうだ。救いは、水が豊富に流れていたので、水を担ぎ上げる必要がなかったということだ。

南精進ヶ滝、鳳凰ノ滝、白糸ノ滝などを経て高度を上げていった。太陽が昇る頃に目の前の滝が日の光を受けて五色に輝いた。それが五色ヶ滝の由来といわれている。そして苦労して地蔵岳の下にある賽の河原に到着した。今でこそお地蔵さんは数えるほどしかないが、かつては何千、何万ものお地蔵さんが安置されていたという。

賽の河原に立った人は、そこから一体のお地蔵さんを借りた。それを背負い、観音岳、薬師岳を歩いて中道《なかみち》に下り、小武川《こむ》沿いに韮崎《にらさき》方面に戻った。青木の湯と賽の河原、薬師岳を結ぶ三角形が当時の行程だった。行程を歩き終えたあと、再び各地にある自宅へと戻ったのである。

しかし、子福地蔵信仰はそれだけでは終わらない。お地蔵さんを借りて、ご利益《りやく》、すなわち子供が授かったときは再び賽の河原に戻り、お礼をするのが習わしになっていた。借りたお地蔵さんを戻すのはもちろん、同時に新たなお地蔵さん一体を寄進するのである。新旧二体のお地蔵さんを担いでドンドコ沢を再び登る必要があった。それが願いがえしと呼ばれるもので、体調の戻った奥さんが寄進用のお地蔵さんを背負いながら登るのである。

さらにもうひとつ、太鼓を叩きながら登る習わしもあった。文字どおり、太鼓を鳴らして沢を登っていくのだが、そのことは『地蔵ガ岳』（池田光一郎著）の「小武川俚《り》譚《たん》」の項でも紹介されている。

「徳川時代の昔のこと、子福地蔵の加護を受けた婦人は、必ず『願いがえし』のため太鼓を打ち鳴らしながら、この沢をさか登ったものだが、その太鼓の響きのドンドコと、急流のひびきをとり、ドンドコ沢と命名されたのであるという」

かつて深田久弥が『日本百名山』で鳳凰山を紹介し、「ドンドコとはどんな意味か知らないが、何となくこの急峻な沢の感じが出ている」と書いているが、背景にはそんな歴史があったのである。

逆に願いがかなわなかったときはどうしたかというと、三年待った後に再びドンドコ沢を登りに来るのが習わしだった。そして新たにお地蔵さんを借りるのである。ドンドコ沢は、太鼓を叩いて喜ぶ人と、子福地蔵に願《がん》をかけるために懸命に登る人が交錯していたようだ。

こんな具合にかつて青木鉱泉、そしてドンドコ沢はさまざまな人の喜びと期待で賑わった。大正時代には、文豪の大町桂月が当時の甲斐《かい》山岳会会長に案内されて登ったといわれている。さらに昭和十年には青木鉱泉の元の経営者が韮崎駅からトラックで登山者を運び、人気を得たという。そして、戦後の登山ブームで、鳳凰三山は信者の姿より登山者の姿のほうが多く見られるようになった。

しかし、いつの間にか青木鉱泉は急速に衰えていった。私が会社の保養所にしようと二十数年前の一九七〇年代に訪れたときは廃屋同然になっていた。権利を得たものの、どこから手をつけたらよいのかわからず呆然《ぼうぜん》としていた。古老から青木鉱泉の話を聞くまでは、子福地蔵でそれほど賑やかだったところとは、少しも想像できなかったほどだ。

しかし、今から二十年ほど前に、個人的な施設ではなく、公共の施設にしてほしいという行政や登山者の要望もあり、青木鉱泉を温泉宿として再建することにした。その頃の私は会社を経営しながら、初めて携わった客商売のためになかなか慣れなかったのが実情だった。

そんなときに現れたのが、お地蔵さんを風呂敷に包んでおぶい紐で背負った若い夫婦だったのである。今となっては懐かしく思うが、当時の私にすれば驚くなというほうが無理だった。

しかし、さらに驚いたのは、お客さんのなかにはその夫婦ばかりでなく、年に数人はお地蔵さんを抱えて登ってくる人を見かけたことである。さすがにわらじに白装束のいでたちの人はいないが、信仰がいまだに生きていることを知った。そればかりか、早朝に車でやってきては、やはりお地蔵さんをおぶい紐で背負って山に向かう夫婦を何組か見かけたことがある。医学が進んだこの現代に、子福地蔵を信心する人が絶えない不思議さに驚き、そして感動したものだ。

四、五年ほど前の夏休みのことだった。家族連れがやってきた。
「ご無沙汰しております。覚えていますか」

とその家族連れの奥さんにいわれた。顔を見てピンとくるものがあった。十五年前、私に、死んだ赤ん坊を山に捨てに行くのではないかと間違われた神奈川に住む夫婦だった。昨日のように思い出された。

私がその旨をいうと、

「そうです。あのとき、お地蔵さんをおぶっているのを見て、堤さんに怪訝《けげん》な顔をされた者です。まるで赤ん坊を山に捨てに行くのではと思うほど驚いた顔をしていましたよ」

そういうと、夫婦で笑った。

「あの頃はまだ何も知らなくて大変失礼をしました」

私は夫婦の間で笑いながら立っている男の子を見て、

「この子があのときに授かった息子さんですね」といった。

「そうです。今年、高校に入りましたものですから、一度、ドンドコ沢から地蔵岳に登ろうと思いまして連れてきたんです」

ご主人も奥さんも満面に笑みを浮かべて私に紹介してくれる。両親によく似ているだけでなく、体ががっしりとしていた。鍛えられた体をしていた。革の登山靴も磨きがかかっていた。

「不思議とこの子は子供の頃から山が好きで、近くの山をよく歩いたものです。そして、高校生になったら鳳凰三山に登りたいとよくいってました」

「子福地蔵に願をかけに地蔵岳に来たなんて、ひと言《こと》もいったことがないのにですよ、不思議ですね」

「山には、子宝だけでなく、やる気を生ませる不思議な力もあるかもしれませんね」

と私はいった。しかし、いつの間にかやってきていたドンドコ沢の音が私の声をかき消した。

両親が指をさして、子供に山を紹介していた。見上げると、その先に地蔵岳のオベリスクが大きく見えた。

つつみ・ひろし――一九三二年、東京都に生まれる。大学卒業後、高校の社会科教師をしていたが、自ら会社を興したり、父親が経営する会社を手伝ったりする。七三年、社員の保養施設のために廃屋状態だった青木鉱泉を買い取り、行政や登山者などの要望に応え、公共の温泉施設として再出発する。

遭難救助

八海山・千本檜小屋　上村敬雄さん

今まで、大和町（現・南魚沼市）山岳遭難救助隊ができてから何回出動したことだろう。私が隊長になってから二十八年ほどたつが、約五十回はあると思う。思うというのは、活動記録を残さないようにしているためで、思い出したくないことも多いからだ。やはり遭難となると、つらいことのほうが多い仕事だからである。しかし、私の生まれ育った八海山で困っている人がいるとわかれば、人助けと思い、探しに行かなければならない。

いろいろな事故があったが、五年ほど前に起きた遭難事故は今でも記憶に新しい。あれは夏山シーズンを迎え、さまざまな登山者が山に入ってきていた頃だ。山小屋でいつものように登山者の世話をしていると、突然、警察から連絡が入った。薬師岳から大日岳へ向かう途中にある八ツ峰第二峰の不動岳の少し先で、男性が転落して行方不明になったというのである。

私の管理する山小屋から遠くなかった。すぐさま、私が隊長をしている大和町山岳遭難救助隊を招集しようと思った。が、警察はすでに六日町（現・南魚沼市）の山岳遭難救助隊に捜索の依頼をしたという。いくら山岳遭難救助隊といっても、警察の依頼がないと動けないので勝手に招集することはできなかった。だが、私は個人的な立場で、とにかく現場に行ってみることにした。現場には遭難した登山者の奥さんと娘さんが泣き崩れ、遭難のときに近くにいたパーティーの五、六人も蒼《あお》ざめていた。

行方不明の男性は、十日町市に住む四十代半ばの会社員だった。奥さんと高校生の娘さんの三人で八海山に登りに来ていた。途中で顔見知りになったパーティーの後ろをついていった。そして、不動岳から七曜岳の登りにさしかかろうとしたそのとき、男性が足を滑らして転落したようだ。

その様子を、いちばん後ろを歩いていた奥さんが地蔵岳の上から目撃し、警察に連絡をしたというのである。パーティーの人たちは何か音がしたと思ったが、まさか後ろをついてきた登山者が転落したとは思わなかったという。その道は、鎖《くさり》のあるような厳しいところでも何でもなく、普通の登山道である。

男性が落ちたのは、八ツ峰の北斜面側だった。急な崖《がけ》が続く山肌である。気の毒だが、落ちたらまず助からない場所だった。実際、十五年前に、中ノ岳から八ツ峰にかけて縦走してきた登山者が同じ場所で転落した。そのとき、警察の依頼にもとづいて、大和町山岳遭難救助隊が出動したが、残念ながら遭難者は六十メートルほど下で亡くなっていた。私たちは、その日のうちに遺体になった登山者を収容した……。

私はそのときの様子を、口のなかを苦くしながら思い出していたが、「いまに助けに来てくれますから気を落とさずに頑張ってほしい」と遭難者の家族をひたすら励ました。また、そう願わずにはいられなかった。

じきに六日町の救助隊が新潟県の防災ヘリコプターに乗り、現場に次々と降り立った。そして、ザイルを下ろし、捜索にかかった。

私は十五年前の遭難者がすぐに発見されたように、そのときの遭難者もすぐに見つかると思っていた。急な場所だけに、上からだけでなく下からもほぼ様子が一望できるからだった。しかし、六日町の捜索隊が首を傾《かし》げながら、いくら探しても遭難者が見つからないというのだった。

「まさか。ここから落ちたら、どこからでも見えるはずだよ」

「もしかしたら、運よく助かって水無川に下りて、今頃は大和町のほうに向かっているかもしれない」

などという話が飛びかった。が、数百メートル以上続く断崖絶壁である。生きているほうが不思議というものである。

残念ながら一日目の捜索は日没とともに打ち切られ、翌日に持ち越された。二日目は、早朝から捜索が開始された。今日こそ発見しようという意気込みが隊員のなかにあった。しかし、遭難者が発見されたという連絡はなかった。

（いったいどこへ行ってしまったのだろう……）

私は再び、遭難者が奇跡的に助かり、どこかで助けを求めているのではないかと本気で思ったほどだ。そのため一刻も早く助けようと、大和町山岳遭難救助隊は、応援という形で出動を願い出た。受理されると、三日目に精鋭を十人ほど現場に招集した。

私たちは周辺をくまなく捜索した。崖下に若干の草むらがあり、そこにいるのではないかと想定し、四十メートルザイルにぶら下がりながら下った。しかし、男性の姿はなかった。それどころか崖には大きな木がなく、つかまるところもなかった。もし、一歩でも間違うと、救助隊員の命も危なくなるほどの急傾斜の岩場。二重遭難が心配された。救助隊が二重遭難をするほど悲惨なことはない。気持ちが引き締まった。

「もしかしたら、落ちた場所が違うかもしれない」とだれかがいった。気持ちが動転していて、転落した場所を見間違えたのかもしれない。奥さんをヘリコプターに乗せ、上から転落場所を確認してもらうことにした。奥さんは口元にハンカチを当てながら、「もう少し右かもしれません」、「いや、やっぱり前に行った場所と同じと思います」などといいながら、目頭を押さえる。結局は、転落場所に変更はなかった。

次に行なったのは、家族には見せられないことだった。寝袋に石や木を詰め、遭難者の体重と同じにし、それを落とすのである。宙を舞ったかと思うと、寝袋は岩にぶつかり、何度もバウンドして速度を上げて落下していった。しまいには寝袋が破け、石も木も飛び散った。その先は、十五年前に遭難した人とほぼ同じ場所だった。

「やはりここから落ちると、あそこに落ちるんだな……」

私たちは、腕を組みながら考え込んでしまった。時間は刻々と過ぎていく。日没が近くなっていた。もし、生存しているなら一刻の猶予もなかった。

そんなときである。一機のヘリコプターが爆音を鳴らしながら麓に現れたのは。新潟県の防災ヘリだった。低空飛行をしているため、草むらが風に吹かれるままに右に左に揺れているのが見える。子ウサギが歩いていてもわかるほどだ。そのヘリコプターが斜面をなめるようにゆっくり上がってくる。一寸刻みといったらよいのか、まるで何物をも見逃さないぞとでもいうように、ジリッ、ジリッと上がってくる。やがて、稜線から六十メートルほど下のところでヘリコプターがピタリと上昇を止《や》めた。そして、ライトをいっせいに点灯し、岩場を照らしだした。写真を撮っているのかストロボが何度も光った。私は何をしているのだろうと思った。ライトが当てられている場所は、ほぼ垂直の壁になっていて、もし遭難者が落ちても引っ掛かる場所ではなかった。

ちょうどそのとき、隣にいた警察官の無線に連絡が入った。警察官は何度もうなずき、「了解」といっている。

「防災ヘリによれば、ライトを当てている岩壁のところに、横に肩幅ほどの亀裂が入っているらしい。その亀裂から何やら白い物が見えるが、それが遭難者に間違いないらしいというんだ」

虚を突かれるとは、こういうことをいうのかもしれない。私は若い頃から八海山の登山道はもちろん沢一本一本を何度も歩き、どこに何があるかということをわかっているつもりだった。目をつぶっても歩ける自信があった。が、岩壁の下に肩幅ほどの亀裂が入っているというところまでは知らなかった。唖然《あぜん》とした。

防災ヘリが爆音を高めると、あっという間に下降して、見えなくなった。それから一時間もしないうちに連絡が入った。現場で撮影したビデオを再生してみると、亀裂から見えた白い物は、遭難者の靴らしいというのである。

「おそらくは何かの弾みで遭難者は亀裂に頭から入ってしまい、足だけが外から見えるようだ」

と警察官が話す。

(妙なことが起きるものだ……)

私は空を仰いだ。しかし、遭難者の場所がわかった以上は、何が何でも向かわなければならない。私は、自分の救助隊の全員に招集をかけた。

「明日、朝七時半、八海山スキー場の駐車場に集合せよ」と。

翌朝、駐車場の隅に仕事を休んで集まった救助隊員二十人が整列した。さらにその傍らには、遭難者の家族が肩を寄せ合っていた。何度見ても胸のつまる様子だ。防災ヘリも待機していた。時間が来れば、救助隊員がヘリに乗り、現場近くまで行けばよいだけになっていた。しかし雲が切れず、ヘリは飛べなかった。パイロットは何度も空を見上げ、首を振っている。

「仕方ない。リフトに乗ってそれから現場に向かおう」

私は、遭難者の家族もいる手前、そう判断して行動に移した。

現場は霧が立ち込めていた。視界はあまりよくなかった。まず私が四十メートルザイルを伝わって下りた。木も草もなく、つかまるところがなく不安定きわまりないところだった。

やがて、現場に到着した。連絡のとおり、そこには肩幅ほどの亀裂があり、遭難者が頭から入り込み、外には足だけが出ていた。近くには小さな木があった。おそらく、その木にバウンドして、亀裂に入ってしまったのだろうと思った。それ以外に考えられなかった。遭難者はすでに冷たくなっていた。

（ああ、何てことだ。世の中には神も仏もない……）

私はそれから、全体を見渡せる場所に陣取った。そして、救助隊員二人がロープを伝わって下りてくるのを誘導した。

「そこに足をかけろ、そこじゃない、馬鹿野郎、もっと慎重にやれ」

私の口から、そんな言葉が隊員に向けて飛ぶ。二重遭難を起こさないためにも、より真剣になる。いわれた救助隊員も命がかかっているから、「了解」とそのたびに声をかけてくる。

それから三十分ほどもして遭難者の遺体が亀裂から出された。そして、小さなテラスを見つけ、そこに置かれた。急激に霧が晴れた。ちょうどその頃、防災ヘリが爆音を響かせて飛んできた。

こうして行方不明になってから四日目にして遭難者は遺族の元へ戻ることができたわけだが、その後の遺族の気持ちを考えると、いてもたってもいられない。私たち山岳遭難救助隊が出動しなくてもよい日が早く来ないものかと、またそのときも思った。

かみむら・ひろお――一九三三年、八海山の登山口のひとつ、大倉口にあたる新潟県東村（現・南魚沼市大和町）に生まれる。五三年、二十歳の頃から八海山の案内人兼強力をする。七二年から八海山千本檜小屋の管理を任され、同年、六四年から発足していた大和町山岳遭難救助隊の二代目隊長に就任する。山小屋を守りながら数々の遭難救助に携わった。

藪沢重幸新道

南アルプス・大平山荘　竹澤信幸さん

大平小屋《おおだいら》（大平山荘の前身）ができたのは、昭和三十七年だから、すでに五十四年もたつ。造ったのは、父・竹澤重幸《しげゆき》（一九一九〜九五）である。最初、山小屋の建設許可はなかなか下りなかったが、父が新たに登山道を造る考えがあるというと、許可が下りたという。道は、藪沢《やぶさわ》の右岸に沿い登っていく。途中、沢を渡り、左岸に取り付き、それから馬ノ背を経て仙丈ヶ岳に至るというものだ。登り約四時間、下り約三時間で仙丈ヶ岳を往復できる道で、他のどのコースよりも早く登れるのが特徴だ。父は山小屋を母の愛子に任せ、ひとりでコツコツと道を造った。母はまだ小さかった私と姉の世話から客の世話まで大変だったらしい。道は昭和三十九年に完成した。二年もかかった。

しかし、正確にはまだ完成していなかった。当時は今の道と違い、山小屋の下のほうから登り返して、藪沢の右岸に取り付く道だった。登山者が「それでは不便だ、行きも帰りも山小屋から行けるように直したほうがいい」と進言した。父は、それを聞いて、「なるほど」と思い、さらに営林署などに許可をもらって山小屋の仕事の合間に工事を再び始めた。

そんなある日、父は岩と岩の間に足を挟んで大怪我をした。母が「病院へ行かなきゃ」というと、父は「そんな時間はない。道具箱にある釣り針を持ってきてくれ」といった。母が持っていくと、父は釣り針とテグスに熱湯をかけた。それから裂けた傷口を自分で縫い始めた。父の額には玉のような汗が浮かんだ。そうやって九針を自分で縫った。「化膿するから明日、山から下りて町でペニシリン軟膏を買ってきてくれ」、そういうと、父は気絶した。

母は翌朝、一番のバスに乗ってペニシリン軟膏を買いに行った。留守番をしていた私と姉がいる自宅に寄らずにすぐに小屋に戻っては、傷に塗ってやった。父の足は普段の倍にも腫れ上がっていた。母が「これで化膿しなくなるから、しばらくおとなしくしていなよ」といった。すると、父は、

「馬鹿なことをいうな。登山者が気持ちよく歩けるために少しでも早く道を造ってやりたいんだ、それがおれの仕事だ。きっとうちの親父だってそんな気持ちであちこち

の道を造ってきたと思う。だからちょっとやそっとの怪我で寝てられないんだ」

そういうと鉢巻をしめて再び山に入っていくのだった。数日後、道が元の道と合流して、現在のように山小屋の前から通れるようになった。昭和四十二年のことだった。藪沢重幸《じゅうこう》新道と呼ばれ、現代の登山者がよく利用する道である。

私は子供の頃、母からそんな父の話を聞いて、どうしてそんな苦労までして山小屋をやるのだろうかと思った。平日はいつも家で姉と二人なので寂しくて、土曜日の夕方になると、山小屋に行くが、両親とも忙しくて、「あっちに行ってろ」とか「奥で本でも読んでいろ」などといわれ、普通の会社員や公務員の親を持つ友達が羨ましかった。だから私は、将来は学校を出たら勤め人になろうと決めていた。

それにしてもなぜ、父は山小屋を始め、そして、道造りにそれほど励んだのだろうか。ずっと子供ながらに疑問だった。成長するにつれ、両親はもちろん、親戚の人などからいろいろな話を聞いて大体わかるようになった。それには父方の祖父の存在が大きかった。

私の父方の祖父は、竹澤長衛《ちょうえ》（一八八九〜一九五八）といった。北沢峠を開拓した人といわれ、毎年、開山祭に長衛祭が開かれるほど有名な人だ。ちなみに祖父は、十五歳のときから父親（曾《そう》祖父）について南アルプス山中で猟を手伝い、山を駆け巡ってクマを獲ったりするマタギをしていた。二十歳の頃から山案内人をするようになり、大正十一年七月にある皇族が南アルプスを縦走するというので案内した。それを皮切りに翌八月には上伊那教育会自然資料調査研究の人たちの案内をし、大正十四年の三月には、西堀栄三郎、桑原武夫、四手井《しでい》綱彦など京都三高（現・京都大学）のあとで有名になる学生らがスキーで北岳登頂を目指したときに案内、登頂を支えた。七月には長野県知事の梅谷光貞を案内して東駒ヶ岳（甲斐駒ヶ岳）から赤石岳までの主脈大縦走に挑戦した。途中、嵐に遭遇し、先行きが危ぶまれたが、長衛の判断によって、遭難することもなく、無事に成功した。二週間にわたる縦走だった。

これら以外にも昭和二年に学生たちが北岳のバットレスに登りたいから食事の面倒などを見てほしいといわれたが、仕舞いには一緒に登って成功するなど枚挙にいとまがないほどだ。

その一方、祖父は将来、登山する人が増えるだろうと予測し、山小屋の必要性を感じていた。そのため山小屋建設の許可を得るために奔走し、昭和五年十一月、北沢峠に北沢長衛小屋を建設した。親や親戚にはそんなものを造って何になるのだと反対されたが、山小屋は連日のように登山者で賑わった。祖父の目論見が当たったのだが、それはあくまでも金儲けではなく、登山者がゆっくり山小屋で休み、登山を安全に行ない、無事に家に帰ってもらいたい気持ちからだった。それというのも祖父はそれまで何度も南アルプスを案内してきたが、一方で遭難救助に駆り出され、学生たちが遭難し、悲しい思いを何度も経験していた。二度と遭難を起こさないためにも山小屋が必要だと思ったからだ。

私生活では、大正五年にしずゑと結婚し、大正八年に私の父、重幸を儲けていた。その後、長女、二男と次々に子供に恵まれた。仕事も順調に行っていたが、残念なことに大正十四年十二月、しずゑが病気で亡くなった。祖父は、四人の子供を抱えて今後どうしようかと悲嘆にくれた。山の仕事と子供たちの世話の両立は不可能だったからだ。すると、しずゑの妹のゆきゑが後妻に入ることになり、大正十五年春に祖父とゆきゑの新たな夫婦生活が始まった。そして、昭和八年、祖父にとっては三男になるが、ゆきゑにとっては長男の昭一が生まれた。

昭和十六年七月、祖父が五十二歳のとき、日本はフランス領のインドシナ（現・ベトナム）南部に軍隊を送り、今にも戦争が始まろうとしていた。世の中は山どころではなくなっていた。男たちは戦地に派遣させられたり、国内では軍事訓練をさせられるようになった。そのため登山者が急激に減った。祖父は、手持ち無沙汰になっていた。しかし、戦争が終われば、将来は登山者が増えるだろうと予測し、藪沢新道と栗沢山新道を開拓していた。

藪沢新道とは小仙丈ヶ岳（二八五六メートル）の手前にある大滝ノ頭（二五一九メートル）から馬ノ背まで斜面をトラヴァースする道である。馬ノ背から山頂に登っていったほうが小仙丈ヶ岳を登っていくより楽に登れると考えたからだった。これは、祖父が日頃から「女性でも楽に登れる仙丈ヶ岳にしたい」という想いを実現させたものだった。

栗沢山新道は、栗沢山への直登ルートである。それまでは山小屋からは仙水峠に行き、右に折れて栗沢山に登る道しかなかった。しかし、完成すると、山小屋から一時間近くも短く栗沢山に登ることができた。短時間で栗沢山からの絶景を楽しめるようになったのである。

こうして登山者のために祖父は未来に目標を置いて山と取り組んでいたのである。その年の十二月八日、日本はアメリカの真珠湾にある軍事基地を奇襲攻撃し、という太平洋戦争が始まった。

昭和二十四年、祖父は、新たに長衛小屋から小仙丈ヶ岳の尾根に上がれるように約一キロの道を造った。さらに昭和二十六年には藪沢新道の途中に藪沢小屋を建設した。祖父は、藪沢小屋を三男の昭一に任せ、長衛小屋を長男の重幸に経営させようと思っていた。しかし、あまりうまくいかなかったようだ。腹違いの弟とは馬が合わなかったらしい。そのため、父は長男だが、そのうち、祖父の造った山小屋から出て、独立したいと常々思うようになった。そして、自分の山小屋を建てる場所を探したり、営林署の人に相談していたらしい。山で培ったことを誰にも邪魔されずにやりたかったのである。

昭和三十三年、祖父が亡くなった。享年六十九だった。それを機会に父は長年描いていた計画を実行に移し、大平小屋、そして藪沢重幸新道を造ったのである。

私は長じて無事に学校を出て勤め人になり、土日になると、山小屋に行って手伝った。その頃、父はときどき、「最近、登山者の質が変わった。危なくて見てられない」と愚痴るようになった。それは昭和五十五年に南アルプス・スーパー林道が開通したため、気楽にやってくる登山者が増えたからだった。嫌なら山小屋をやめればいいと思ったが、父は「しかし、そんな人はほんの一部でうちの山小屋を頼りに来る人のほうが多い。その人たちのために簡単にやめられない」というのだった。

昭和五十七年、大平小屋ができて二十年目という節目の年のことだ。秋に台風が来て、裏山で土砂崩れが起こり、小屋が土砂に埋まった。父から手伝って欲しいといわれ、一週間ほど職場を休んで土砂を片づけた。私はこれで店じまいにしたらいいと思ったほどだ。しかし、父はコツコツと老体に鞭打って土砂を片づけていた。私はそんな父を見て山小屋に愛着を持っていることを改めて知った。一週間ほどして私は職場に戻ったが、父はその後も毎日小屋をきれいにしたり、道を直したりしていた。それからしばらくして、うちによく泊まって写真を撮っていたある山岳写真家が復旧祝いを企画した。そしてこういった。「この小屋も二十周年を迎えた。南アルプス・スーパー林道も開通して、ますます忙しくなった。ここらで信幸君に小屋の名前を大平山荘と変えて二代目になってもらおうじゃないか」と決めてしまい、あれよあれよという間に跡を継ぐことになってしまった。長男の私はいつかこういう日が来るだろうと内心思っていたのでよろしくお願いしますといった。私が二十九歳のときだ。

しかし、実際に二代目になると、忙しいときは目が回るくらい忙しくて、やっぱり勤め人をやっていたほうがよかった、と思ったものだ。まして南アルプス・スーパー林道ができてからというもの、それまでの山男、山女から観光気分でやってくる中高年が増え、「風呂はないの」、「個室はないの」などと山の事情を知らない人が多くなり、先が思いやられたものである。なかでも夜遅くなって平気で来る人には参った。単道ができたため南アルプスが簡単になったと誤解する人が来るようになったのだ。

藪沢に架かる丸太橋を渡る登山者。一帯は残雪が多く、雪をチェーンソーで切り、片づけてから丸太橋を架ける。歩けるようになるのは例年七月末頃である。

に北沢峠に入りやすくなっただけであって、山自体が簡単になったわけではないのである。

父は平成に入った頃に引退して、下の家で畑を耕したり、ときどき山小屋に来ては、道を直したりしていた。そんな父も平成七年に亡くなった。享年七十六だった。そのため、今度は私が藪沢重幸新道の修理をしなければならなくなった。日頃の仕事だけでも大変なのに草刈りをしたり、邪魔な石があったりすると、片づけた。重労働だ。あるとき、危険な思いをして沢に橋をかけていると、若い女に「どいてよ」といわれたことがあった。情けなかった。「何でおれはそんなことをいわれなければならないのだろう」と思った。しかし、ほとんどの人は「お疲れ様」、「御苦労さま」といってくれる。それを聞くと、苦労が報われる。

「変な奴はほんの一部。ほとんどの人は山に来て身も心も洗って再び下界に戻る。そのためにおれたちは代々ここでお手伝いしているのだ」

父がよくいっていた言葉だ。

きっと祖父も父もときには嫌な思いをしながらも山を本当に愛してくれる登山者のために手伝いをするという気持ちでやってきたのだろう。山小屋を造ったのも道を造ったのもそれが原動力になっていたに違いない。そう思うと、初めて、祖父と父の気持ちがわかるような気がし、嫌なことも忘れられた。そして、もっと頑張らなければと思った。

ふと、そんなときである、視線を感じたのは。何だろうと思って視線を感じたほうに目を向けると、岩場に親子のカモシカが立って私をじっと見ていた。初めて見る光景だった。私はザックからカメラを取り出した。カモシカは逃げないどころか、少し離れていた親子がゆっくりと頬を寄せ合ったのである。まるで撮ってとでもいうようなポーズだった。私はシャッターを切った。ほのぼのとした光景だった。私は何だか彼岸から祖父と父がやってきて、頑張れといっているのではないかと思ったほどだ。カメラを下ろすと、親子はゆっくりと歩き始め、森の中に消えていった。私はこの写真を大きくして山小屋に飾っている。辛いこと、嫌なことがあったりすると、私はこの写真をじっと見る。すると、元気になれるのである。

たけざわ・のぶゆき――一九五三年、長野県伊那市生まれ。南アルプスの主と呼ばれた初代竹澤長衛の孫であり、大平小屋（大平山荘の前身）並びに藪沢重幸新道を作った竹澤重幸の長男である。大平山荘を二代目として経営すると同時に藪沢重幸新道を巡回し、守っている。

あとがき

「あっ、山小屋だ……」

山を歩き疲れた頃、山小屋が見えたときほど安心できるときもない。そして、どこにそんな力が残っていたのかと思うほど早足になる。

山小屋の戸を開ければ、ご主人が「よくきたな、まぁ座れや」と無骨ながらも迎えてくれる。そして温かい薪ストーブにあたり、ビールを飲みながら主人の話に耳を傾ける。お化けの話が出るかと思えば、「目の見えない人が来た、一生懸命歩いている姿を見てこんなおれでも胸が熱くなった」という話もする。山小屋の近くに現れる野生動物の話、さらには思わず吹き出してしまう話までさまざまだ。

ご主人も酒が入ると、記憶がつながり、話がいっそう加速する。聞くほうも「へぇ、そんなことがあるんだ」、「で、どうなったの」などと合いの手を入れるので次々と話が出る。下界では聞けない、山ならではの話ばかりで興味がつきない。作られた一編の小説より面白い話ばかりだ。そして気がつくと、もはや消灯の時間になっている。

いつ頃からか、そんな話をまとめて一冊の本にしたいと考えるようになっていた。十年ほども前のことのように記憶している。山小屋の主人たちに話をすると「書けない。話すからお前が書け」という人がほとんどだったが、新井信太郎さんや米川正利さんのように原稿を送ってきてくれた人もいて、若干手直しして使わせてもらった。そして、何本かできた原稿を岳人編集部のヤマさんこと山本修二さんに見せると、連載を約束していただいた。九七年のことである。

「これでようやく活字にできる、さぁ、やるぞ」と思っていると、私事で恐縮だが、突然、ガンを宣告され入院することになった。連載が白紙に戻ってしまった。幸い一カ月ほどで退院でき、やがて連載の件も復活した。しかし、やれやれと思っていると、半年もしないうちにガンの転移が発見され再入院を余儀なくされた。あのときの失望感は今でも忘れられない。

しかし、まわりの人たちに励まされながら病院のベッドで原稿を書いた。半年ほどして山に取材に行けるまで回復した。書きたくなるのは、「ネバー・ギブ・アップ」や「いっちに、いっちに……」というような話になった。面白いだけでなく、読んだ人が元気になるような文章を書きたいと思ったからにほかならない。将来、「山小屋の主人の炉端話」の続編その他を書き、それらに「元気になる素」を織り込みたいと希望を持っている。今後を期待していただければ幸いだ。

この本は、取材に協力していただいた山小屋のご主人の皆さん、永田秀樹「岳人」編集長ならびに編集部の皆さん、神谷紀一郎東京新聞出版局長、寺本峯祥同編集部長ほか多くの方々のご協力によってできたものです。末筆ながらお礼ならびに感謝を申し上げます。

二〇〇一年八月

工藤隆雄

新編のためのあとがき

『山小屋の主人の炉端話』が東京新聞から出版されてからもう十五年もたった。ずいぶんと昔のような気がするが、私の心の中では、常に昨日の如くで、山小屋の主人たちの「よく来たな、まあ、座って一杯やってくれ」という声で迎えられ、笑ったり、悲しんだり、怒ったりしたさまざまな話が蘇ってくる。本になった後もそんな山小屋に再び身を置きたくて、時間を見つけては小屋を訪ねたものである。

八十四歳になった今でも元気で登山者を迎えている青木鉱泉の堤宏さんや、八十一歳になり、体がぼろぼろだよといいつつ「この間、こんなことがあった」と話をしてくれるしらびそ小屋の今井行雄さんなどがいて、やっぱり山小屋はいいなと思う。

丹沢塔ノ岳にある尊仏山荘の花立昭雄さんに「ネバー・ギブ・アップ」で紹介した瑞穂と善行は今どうしているかと訊くと、「今、名古屋に住んでいる。善行はある福祉施設でがんがん働いている。瑞穂も元気で子供を四人も生んで毎日忙しいといっていたよ」、そんなことを知ると、自分のことのように嬉しくなってしまう。

「レッサン・ピリリ」のパサンとキーパもきっと元気に違いない。そう思ってオーレン小屋主人の小平忠敏氏に訊ねると、顔を曇らした。「ネパールで旅行会社を作ってかなり儲かったが、金が入ると、ギャンブルにはまり、結局は借金を作って行方不明になってしまった。キーパとの結婚も御破算になった」と怒る。残念な話だが、本当のようだ。人生にはいろいろなことが起きるものだと改めて思った。

残念といえば、この十五年の間に七ツ石小屋の嶋崎兵市氏をはじめ吾妻小舎の遠藤守雄氏、清水茶屋の清水辰江氏らが櫛の歯が欠けるように亡くなってしまった。残念でならない。また、他の小屋を訪ねると、引退して、下に下りている主人が何人かいた。小屋には代わりにアルバイトや頼まれ小屋番がいた。小屋は以前より現代風にお洒落にきれいになり、食事も手が込んだ物が出たが、用事が済むと、管理人室に入ってしまい、二度と出てこようとしないことが多かった。やはり山小屋は主人がいて、「よく来たな、まあ、座って一杯やってくれ」と話を始めるのがいい。少なくとも私はそう思っている。

最後に「山小屋の主人の炉端話」を「新編 山小屋主人の炉端話」として上梓することになったのは、今年の春、山と溪谷社自然図書出版部部長の勝峰富雄氏からのお勧めがあったからだ。感謝申し上げます。編集実務を藤田晋也氏に担当していただいた。この本を読んでいただき、古き良き山小屋の雰囲気を少しでも味わっていただければ幸甚である。

二〇一六年夏

工藤隆雄

文庫版のためのあとがき

この本の原点は、今から二十二年前になる一九九八年の「岳人」一月号から二〇〇〇年十二月号までの三年間、三十六回の長きにわたって連載された「山小屋の主人の炉端話」である。

最初、この連載にはこれといったテーマがなかった。私がよく山小屋で話を聞いていることを知った担当編集者から、自由に書いてよいといわれた。私も面白おかしい話を紹介できればよいだろうと思っていた。

ところが、連載が進むに従い、山小屋の主人から聞く話に、単なる面白さだけでなく、山を舞台にした人間のドラマを欲するようになった。例えば、病気で足を失いながらも山を歩いている少女の話（「ネバー・ギブ・アップ」）だとか盲目なのに山を歩いている少女たちの話（「いっちに、いっちに……」）、さらには不良少年だったが、山のおばさんに叱られて、やがてまともになった姿を見せに来た少年の話（「河童の頭」）などだ。

当時、私もガンを患い闘病生活をしながらのライター生活だったため、いろいろと頑張っている人の話を聞くと、励まされた。ふと、私はそういった人を紹介するのがこの連載のテーマではないかと気づいた。そのテーマに沿った話を書けば僭越ながら、病気などで戦っている他の人をも間接的に励ますことができるのではないかと思ったのである。いわばテーマは「山」から教えられたものと思っている。こうして、私は治療をしながら山小屋の主人たちから話を聞いて回り、三年間の連載を終えた。

それが翌二〇〇一年に単行本『山小屋の主人の炉端話』(東京新聞出版局)となり、十五年後の二〇一六年に『新編 山小屋主人の炉端話』(山と溪谷社)へリニューアルされ、さらに四年後の今年、『定本 山小屋の主人の炉端話』としてヤマケイ文庫に収録される誉《ほまれ》をえることができた。

思うにたった一冊の本だが、振り返ると多くの人の支えがないとできないものだと改めて思った。その人数たるや数えきれないほどだ。その数えきれない人たちに、この場を借りて心から感謝致します。

二〇二〇年十月吉日

工藤隆雄

解説　「ネバー・ギブ・アップ」外伝

三宅　岳

夜の帳《とばり》がおりた夏。

見上げた空に浮かぶ無数の星に、思わず時間を忘れてしまう。どこまでも広がる大宇宙。そのスケールの大きさに、言葉を忘れ、自我を忘れ、ただただ、見上げ続ける。

やがて、ふと我に返る。それにしても、なんとたくさんの星だろうか。あの星々には、どんな名前がつけられているのだろうか。

たとえば彦星。

中国では牽牛星《けんぎゅうせい》と呼ばれるとか。一年でたった一度だけ、旧暦七夕の夜。淡く輝き天空をまたぎ流れる銀河の川を渡って、織り姫と会うことができると伝えられる。いっぽう、その日の夜空が無情の雲に覆われてしまえば、せっかくの逢瀬《おうせ》もさらに一年先送りという悲しい夜になるという。

この七夕物語は、昔話にとどまらない。現在の若い恋人同士でも、あるいはすでにそんな年を遥かに過ぎ去った二人にも。さらには、大小の願いを込めて軒端《のきば》の笹に色とりどりの短冊をぶら下げた子どもたちにも。その夜は、それぞれの思いをそれぞれの物語として少しだけドキドキしながら迎えるものなのだ。

さらに、彦星にはアルタイルという呼び名もある。アラビア語で天かける鷲という意味らしい。その名が示すように、アルタイルを含み周囲の星をいくつか結んで、鷲の姿が描かれる。それが「鷲座」。そしてアルタイルはまさにその星座を代表する星でもある。全知全能の神ゼウスが遣わした鷲、あるいはゼウスそのものが変身した鷲と、ギリシャ神話では語られている。同じように、織り姫はベガと呼ばれ、琴座を代表する星となっている。この鷲や琴のように、夜空のきらめきが線で結ばれ、意味が加えられ新たな像となり、神代の物語が立ち上がる。

ひとつひとつの星に来歴があり、それを結びながらいくつもの物語が紡がれてゆく。

＊

さて、山の夜に輝くのは星ばかりではない。もちろん、現代文明のもとにあっては、かなりの山奥にあっても、彼方都会の光害は、いかにも興醒めの明るさである。しかし、同じく人の手による灯火であっても、山小屋の夜窓からささやかにこぼれ落ちた光には、懐かしさと心強さと、無常の喜びが隠されている。
山の端に、闇夜の稜線に、孤高の山頂に、あるいは深い谷底に。まるで天空に浮かぶ星々のひとつであるかのように、かすかに揺れるその光。それこそが山小屋の灯なのである。さすがにランプの灯火という小屋は随分減ってはしまったが、それでも発電機やバッテリーを頼りとした山小屋の灯火は、ふっと消えてしまうのではないかと思うほどおぼろげで、だからこそ、まるで星々のようにじっくりしっとりと山の夜に馴染む光となっているのである。

その小さな灯火＝炉端の物語を、まるで星座を結ぶかのように編んだのが本書『定本 山小屋主人の炉端話』である。

山小屋にはそれぞれ歴史があり、その主人は大小さまざまな物語の語り部である。なにせ、年がら年中山にいる人々である。物語のなかで暮らしているようなものではないか。日射しの強さから風の弱さ、道直しから山仕事、訪ね来る登山客、そして満天の星。とにもかくにも日常が見事なまでに物語に囲まれる生活である。背筋も凍る怪談奇譚の類はもちろんながら、日々の小屋暮らしの些細な泡立ちにさえ、俗人の平凡から少しだけ逸脱した、しかしそれだからこそ面白さの妙も深い、あまたの物語が潜んでいるのである。

しかし、その物語も聞き手なくしては、雲散霧消してどこかに残るものではない。本書は物語の聞き手編み手である工藤隆雄さんが、それぞれの小屋の主人とじっくり向かい合い、杯を交わし、膝を交え、綴ったものである。

その手により、そのゆらめく灯火の物語はカチリカチリと小さくても確かな光に姿をかえ、しまいにはまるで羽を大きく広げる星座のようになって立ち現れる。

こうして重ねられた三十余もの山小屋物語が本書なのだ。

これらの物語は、読後の読み手にさらなる新しい物語を紡がせ始めるはずである。舞台となった山小屋は、丹沢から奥多摩・奥秩父。さらに八ヶ岳から南北のアルプスへとひろがっている。特に、関東近辺に暮らす登山者ならば、一度は宿泊したり、あるいは休憩に立ち寄ったり、あるいはなんとなく横目で通り過ぎたりと、読み手にとってもさまざまな思い出とともに立ち現れるはずの山小屋ばかりである。

そういえば、あの小屋の夜はちょっと深酒であった、とか。最終バスに乗り遅れた、とか。途中の雨がきつかった、とか。あるいは、ずいぶん古ぼけた小屋に見えた、とか。あの小屋の親父はなんだか因業《いんごう》だ、とか。こうした「とかとか」の思いがゆらりゆらりと思い起こされ、それがまた小さな物語を形づくってゆくことになるのである。

つまり山に建てられた小屋とは、小屋主の物語だけではなく、登山者にとっても多くの物語が誕生する場所なのである。この本を読むことで、もうすっかりどこかに置き忘れていた、「とかとか」の物語が、ふっと読者各人の脳裏を横切るはずなのだ。

その物語を、来年の山行計画の、密かなスパイスとして加えてみる。あるいは、誰かの山行記に、その物語をあてはめる。そんなことの積み重ねや断片の切れ端が、いつのまにか新しい山小屋物語となり、ちょこちょこと独り歩きをはじめる。あるいは朗々と謳いはじめる。

そんなことが自然発生してしまう一冊、ということはすでにここまで読まれた多くの読者が感じているはずである。

実は、僕もこの一冊を読み始めた途端に、もうすっかり忘れていた数十年前のおぼろげな物語を、唐突に、しかも鮮やかに思い出したのである。

＊

というわけで、僕のまったくもって個人的な物語、いわば外伝をこの一冊に加えておくことにする。まあ、お付き合いいただきたい。

それはもう、何十年も前のこと。現在五十代半ばの僕が、まだ高校生になるかどうかの頃だったと思う。

その頃、母親は僕らが暮らす小さな山間の町で議員をしていた。どこの党とかに拠ることなく、手弁当の選挙でいただいた職であった。そういう仕事をしていると、時折、訪ねてくる人がいる。その日玄関の扉を開けたのも、時々やって来る一人であった。いくどかは顔を見ているご近所の女性であり、普段はちょっとお疲れの表情が滲む方であった。しかし、その日の表情は喜色にあふれていたような気がする。独りで来たのか、あるいは娘さんと一緒だったのか、すでに判然とはしない。僕は小さく挨拶をして、すぐに自室に入ったので、それ以上の会話は聞くことが無かった。

ただ、娘さんの慶事を伝えるための訪問であった、ということだけはしっかりと記憶の底に折りたたまれていた。それが難関の大学合格の報告だったか。あるいは結婚の報告であったか。今では母も亡くなり、確かめようがない。ただ、その女性が帰った後も、母が深く感心しておおいに喜んでいたことを憶えている。

行政と住民のパイプ役として、いわゆる生活弱者の相談に乗ることも少なくなかった母であるが、その方もまさにそういった一人であった。ひとり親として、懸命にお嬢さんを育てていた。そのお嬢さんが病気になり、十代半ばで片足を失った、とも伝え聞いていた。たぶん、ほんのささやかなものであったと思うのだが、母は何かの折に相談に乗っていたのだと思う。

*

「ネバー・ギブ・アップ」

本書第一章。冒頭を飾る物語は何とも力強く印象的だ。丹沢の顔でもある塔ノ岳山頂。そこに建つ尊仏山荘主人である花立昭雄さんが語るのは、病のために片足を切除しながらも、急登続きの大倉尾根から塔ノ岳の山荘へ足を運んだ上嶋瑞穂さんと、彼女を助けながらともに足を運んできた和田善行さんという若い二人のこと。

学生から社会人となった二人は結ばれ、お子さんにも恵まれる。その二人に励まされるように、自らの足にメスを入れる決断をした花立さん。まさにネバー・ギブ・アップが積み重ねられてゆく。

この、おもわず目頭が熱くなる物語の主人公こそ、あの我が家を訪れてきた女性の娘さんであった。縁は奇なり。星のようにばらまかれたふたつの小さな物語が、カチリと輝きながら線を結んだのである。こうして新しい物語が静かに輝きだす。

そういえば、丹沢に通い始めた頃に、この話を花立さんからなんとなく伺っていたはずなのだが、すでにすっかり失念していた。しかし、この本の解説という役回りがあてがわれ、手探りながら、おぼろげな記憶をずるずると掘り起こすことができたのである。

それにしても、瑞穂さんのお母さんの表情が、ひときわリアルに蘇ってきたのは、なんとも不思議な実感であり、まさに物語の魔法を感じたのであった。

＊

さて、一度読んだら二度三度、ぜひぜひ読み返してもらいたい本書である。繰り返しの読書のうちに、新しい物語が紡がれてゆくだろう。そして、その物語を完成させるべく、再び本を置いて山に向かってほしい。

山小屋、そして小屋の主との出会いは、時として、ほんの小さな、ささやかながらもカチッと光る火花を散らし、新しい星座になるはずなのだから。

みやけ がく　一九六四年、東京生まれ。神奈川県旧藤野町育ち。写真家。山・林業をよく写す。著書に『アルペンガイド　丹沢』（山と溪谷社）、『炭焼紀行』（創森社）など。近作は『道しるべに会いに行く』（浅井紀子著　風人社）の写真を担当。

初出一覧

第1章
ネバー・ギブ・アップ「岳人」一九九八年十二月号
「いっちに、いっちに……」
「岳人」一九九九年四月号
綾子、がんばる「岳人」一九九九年五月号
金時の山姥「岳人」一九九九年十月号
車いすで木道を「岳人」一九九九年十一月号
他山の石「岳人」一九九八年二月号
踊りは嫌いだ「岳人」一九九八年五月号
深田さん「岳人」一九九八年十月号
廃油ストーブ「岳人」二〇〇〇年六月号
レッサン・ピリリ「岳人」二〇〇〇年十月号
山内のピッケル
『新編 山小屋主人の炉端話』のための書き下ろし

第2章
幻の金鉱脈「岳人」一九九九年一月号
隠れ家「岳人」一九九九年三月号
河童の頭『清水茶屋の陣馬山日記』一九九二年刊
冬に咲く花「岳人」一九九九年十二月号
雷親爺「岳人」二〇〇〇年三月号
木流し「岳人」二〇〇〇年四月号
雪下ろし「岳人」二〇〇〇年七月号
糞尿譚「岳人」一九九八年六月号

第3章
雪女「岳人」一九九八年一月号
人間が怖い「岳人」一九九八年三月号
詐欺師「岳人」一九九八年四月号
泥棒！「岳人」一九九八年八月号

第4章
消えた河童「岳人」一九九八年九月号
フーの秘密「岳人」一九九九年二月号
甲斐犬、クマ「岳人」一九九九年六月号
ヤマネの話「岳人」一九九九年九月号
あきつしま「岳人」一九九九年八月号

第5章
生きたい「岳人」一九九八年七月号
「ファイトー」「岳人」二〇〇〇年一月号
山仲間「岳人」二〇〇〇年五月号
子福地蔵「岳人」二〇〇〇年九月号
遭難救助「岳人」二〇〇〇年八月号
藪沢重幸新道
『新編 山小屋主人の炉端話』のための書き下ろし

*『山小屋の主人の炉端話』は、二〇〇一年に東京新聞出版局より初刊行。その後、二〇一六年に『新編 山小屋主人の炉端話』として、山と溪谷社より復刊されました。本書は『新編 山小屋主人の炉端話』を底本としました。

*新編の刊行時に、現存しない山小屋の話など五篇を割愛、新原稿三篇が追加されました。

*登場する人物の肩書きや山小屋の名称、本文中の「今年」などは、基本的に執筆時のものです。

工藤隆雄（くどう・たかお）

一九五三年、青森市生まれ。

大学卒業後、出版社勤務を経て、新聞・雑誌を舞台に執筆活動を展開。

毎日児童小説優秀作品賞、盲導犬サーブ記念文学賞大賞等を受賞。

著書に『定本　山のミステリー　異界としての山』『マタギ奇談』（ヤマケイ文庫）をはじめ、『ひとり歩きの登山技術』『マタギに学ぶ登山技術』（山と溪谷社）、『富士を見る山歩き』『続・富士を見る山歩き』『富士を見ながら登る山36』（小学館）、『山歩きのオキテ』（新潮文庫）等がある。

日本大学芸術学部文芸学科講師（ノンフィクション論等）。

本文写真＝工藤隆雄
カバー装画＝畦地梅太郎（「あとりえ・う」提供）
装丁＝高橋　潤
編集＝単行本　藤田晋也、勝峰富雄（山と溪谷社）
文庫　勝峰富雄、宇川　静（山と溪谷社）
本文DTP＝藤田晋也

定本 山小屋主人の炉端話

二〇二〇年一二月一〇日 初版第一刷発行

著者 工藤隆雄
発行人 川崎深雪
発行所 株式会社 山と溪谷社
郵便番号 一〇一－〇〇五一
東京都千代田区神田神保町一丁目一〇五番地
https://www.yamakei.co.jp/

■乱丁・落丁のお問合せ先
山と溪谷社自動応答サービス 電話〇三－六八三七－五〇一八
受付時間／十時～十二時、十三時～十七時三十分（土日、祝日を除く）
■内容に関するお問合せ先
山と溪谷社 電話〇三－六七四四－一九〇〇（代表）
■書店・取次様からのお問合せ先
山と溪谷社受注センター 電話〇三－六七四四－一九一九
ファックス〇三－六七四四－一九二七

本文フォーマットデザイン 岡本一宣デザイン事務所
印刷・製本 株式会社暁印刷
定価はカバーに表示してあります

d in Japan ISBN978-4-635-04898-9